DE LA

RESTITUTION DE LA DOT

SOUS LES DIFFÉRENTS RÉGIMES

EN DROIT ROMAIN ET EN DROIT FRANÇAIS.

—◆—

THÈSE

PRÉSENTÉE A LA FACULTÉ DE DROIT DE POITIERS

POUR OBTENIR LE GRADE DE DOCTEUR

ET SOUTENUE

LE LUNDI 22 DÉCEMBRE 1862, A DEUX HEURES ET DEMIE DU SOIR

DANS LA SALLE DES ACTES PUBLICS DE LA FACULTÉ

PAR

Duplessis PIET-LATAUDRIE,

AVOCAT A LA COUR IMPÉRIALE DE POITIERS.

—◆—

POITIERS

HENRI OUDIN, IMPRIMEUR-LIBRAIRE

RUE DE L'ÉPERON, 4.

1862

F

DE LA

RESTITUTION DE LA DOT

SOUS LES DIFFÉRENTS RÉGIMES

EN DROIT ROMAIN ET EN DROIT FRANÇAIS.

— ·◦· —

THÈSE

PRÉSENTÉE A LA FACULTÉ DE DROIT DE POITIERS

POUR OBTENIR LE GRADE DE DOCTEUR

ET SOUTENUE

LE LUNDI 22 DÉCEMBRE 1862, A DEUX HEURES ET DEMIE DU SOIR

DANS LA SALLE DES ACTES PUBLICS DE LA FACULTÉ

PAR

Duplessis PIET-LATAUDRIE,

AVOCAT A LA COUR IMPÉRIALE DE POITIERS.

— ·◦· —

POITIERS

HENRI OUDIN, IMPRIMEUR-LIBRAIRE

RUE DE L'ÉPERON, 4.

1862

COMMISSION.

Président, M. Abel PERVINQUIÈRE ✱.

Suffragants :
M. GRELLAUD ✱, *Doyen*.
M. BOURBEAU ✱.
M. RAGON.
M. LEPETIT.
Professeurs.

Vu par le Président de l'acte public,
Abel PERVINQUIÈRE ✱.

Le Doyen,
H. GRELLAUD ✱.

Vu par le Recteur,
DESROZIERS.

« Les visa exigés par les règlements sont une garantie des principes et des opinions relatives à la religion, à l'ordre public et aux bonnes mœurs (Statut du 9 avril 1825, art. 41), mais non des opinions purement juridiques, dont la responsabilité est laissée aux candidats. »

« Le candidat répondra, en outre, aux questions qui lui seront faites sur les autres matières de l'enseignement. »

A MES PARENTS

A MES AMIS.

RESTITUTION DE LA DOT

SOUS LES DIFFÉRENTS RÉGIMES.

INTRODUCTION.

La dot est tout ce qui est apporté au mari par la femme pour l'aider à supporter les charges du mariage. C'est donc un apport ayant un but déterminé. Cette considération suffirait à elle seule pour montrer que le mari doit restituer la dot lorsqu'il n'a plus à supporter ces charges, par application de la maxime *cessante causâ, cessat effectus*. Mais il ne faudrait pas croire que le mari soit toujours tenu à une restitution intégrale et immédiate de la dot, dès que le mariage vient à se dissoudre. S'il en était ainsi, le mari, pour être toujours à même de remplir ses obligations, devrait bien se garder d'aliéner une partie de la dot, quelque minime qu'elle fût. Alors que d'inconvénients ne résulteraient-ils pas de cet état de choses ! Que de biens seraient retirés du commerce ! Que de biens même périraient, faute de pouvoir les vendre en temps opportun ! L'intérêt public serait donc gravement compromis. Ce n'est pas tout encore : les époux eux-mêmes en souffriraient ; car s'ils avaient besoin d'emprunter, qui

1

donc oserait venir à leurs secours? Les tiers en effet sau-
ront-ils, dans l'ancien droit surtout, si les biens qu'on leur
montre appartiennent au mari ou à la femme? Ne crain-
dront-ils pas de voir ce prétendu gage leur échapper au
moment ou ils allaient le saisir?

Tous ces motifs ont déterminé les législateurs des différentes époques à accorder au mari sur les biens dotaux un
pouvoir plus ou moins étendu. Il est même singulier que
l'œuvre du législateur a consisté en cette matière plutôt à
défendre qu'à permettre. On est parti du pouvoir absolu du
mari qui était alors *dominus dotis* dans toute la force du
terme, pour arriver à lui enlever successivement certains
attributs de son domaine. C'est ainsi que diverses lois
d'Auguste et de Justinien sont venues faire brèche au pouvoir du mari sur les immeubles, laissant subsister toute
l'étendue de son pouvoir sur les meubles dotaux. Un point
qu'il est bon de signaler parce qu'il fait comprendre
combien il importe que le mari ait des pouvoirs assez
étendus sur la dot, c'est que Justinien, après avoir
cherché à restreindre ses pouvoirs, s'est vu obligé de
changer son système de prohibitions en un système de
tolérance (*Novelle*, LXI).

Dans les pays de droit écrit on suivit la législation
romaine. Mais ici on s'attacha à la législation des Pandectes
et du Code Justinien; et là, particulièrement en Auvergne,
on suivit le droit de la Novelle. Il y avait même certaines
provinces, le Lyonnais, le Maconnais, le Forez et le
Beaujolais où l'on ne s'était jamais soumis à la loi Julia
que l'on déclarait *contraire aux habitudes locales et préjudiciable au commerce et au repos commun*. Un édit de
Louis XIV du 16 avril 1664, reconnut même à ces pays

le droit de conserver leurs antiques usages. — Dans le ressort du parlement de Bordeaux, l'art. 53 de la coutume permettait aussi à la femme de consentir à l'aliénation de sa dot et de renoncer à son hypothèque, s'il y avait d'autres biens suffisants dans le patrimoine du mari.

Quant à la dot mobilière, plusieurs parlements [1], méconnaissant la lettre et l'esprit de la loi Julia, décidaient qu'elle était inaliénable de sa nature. Mais dans le parlement de Toulouse, il paraîtrait bien qu'il en était autrement. Despeisses soutient pourtant le contraire [2] ; mais son annotateur reconnaît qu'il n'y a d'inaliénable que les immeubles dotaux. Serres suit aussi cette dernière opinion et cite un arrêt du parlement de Toulouse du 11 août 1705 [3].

Dans le pays des coutumes, les principes du Droit romain sur la dot n'étaient pas du tout en vigueur. On y suivait le régime de communauté.

Ainsi, lorsque fut fait le Code Napoléon, la France était divisée en deux grandes zônes au point de vue des conventions matrimoniales : au nord le régime de communauté, au midi le régime dotal. La première œuvre du législateur de 1804 a été de reconnaître un régime de Droit commun qui sera celui de tous ceux qui ne feront pas de contrat de mariage ; absolument comme les règles sur les successions forment le Droit commun de ceux qui n'ont pas fait de testament. Le régime de communauté était désigné au choix du législateur, pour former ce droit commun des conventions matrimoniales. Ce régime, en effet, en confondant

---

[1] Grenoble, Savoie.
[2] Despeisses, t. I, n° 508.
[3] Serres, *Inst.*, p. 103.

dans une certaine mesure les intérêts des époux, est bien plus de nature que le régime dotal à cimenter leur union. Jamais peut-être les liens sacrés de l'amour conjugal ne sont plus étroitement serrés que lorsqu'ils marchent de front avec les liens de l'intérêt; les uns et les autres tendent alors au même but, qui est cette *individua vitæ consuetudo* dont parlent les *Instituts* [1]. Les tiers trouveront aussi une sécurité plus grande dans ce régime, ils traiteront avec plus de confiance avec les époux. Enfin la prospérité même du commerce y est intéressée.

Mais il faut bien le reconnaître, ce régime a aussi ses inconvénients. Au point de vue de la restitution de la dot par exemple, voici ce qui peut arriver : une femme possède une grande fortune mobilière et pas d'immeubles; son mari au contraire n'a que des immeubles. Le mari venant à mourir, ses héritiers recueilleront la moitié de la fortune de la femme; et celle-ci, outre la douleur que lui cause la perte de son mari, aura encore celle de voir une partie de ses biens passer en des mains étrangères. Sans doute il arrivera rarement que les choses se passeront ainsi, parce qu'une femme qui a une fortune purement mobilière se gardera bien de se marier sous le régime de la communauté purement légale, et ses ascendants ou son tuteur seront là pour veiller à ce qu'il soit fait un contrat de mariage plus favorable à ses intérêts. Mais ce cas peut se présenter, et on conçoit combien il serait déplorable, surtout si le mari venait à mourir peu de temps après la célébration du mariage. Enfin, dans le cas le plus ordinaire de la communauté légale, celui où chacun des époux apportera des

---

[1] *Inst.*, l. I, t. IX, § 1.

biens dans la communauté, il arrivera souvent encore que la femme ne recouvrera, à la dissolution du mariage, qu'une partie de son apport. Le mari, en effet, a des pouvoirs très-étendus sur les biens de communauté : il peut les vendre, les dissiper, les détruire ; il peut même les donner, dans une certaine mesure. C'est pour parer à ces inconvénients que les époux ont la faculté d'insérer diverses clauses dans leur contrat ; ils ont d'ailleurs à cet égard une grande liberté.

C'est aussi dans le même but, et pour respecter d'anciens usages, que le législateur a permis à la femme de placer sa dot dans une situation à peu près semblable à celle où elle se trouvait sous l'empire du Droit romain. Sans doute il peut paraître étrange aux penseurs, aux moralistes, de voir une femme, plus soucieuse de ses intérêts que d'elle-même, avoir assez de confiance en un homme pour entrer avec lui dans l'union la plus intime, et pas assez pourtant pour mettre ses intérêts en communauté avec les siens. Mais si l'on considère qu'il peut se rencontrer, comme de fait il se rencontre souvent, un homme qui fera un excellent mari, et qui pourtant sera mauvais administrateur, le régime dotal trouvera peut-être son explication en même temps que sa justification. Là du moins les pouvoirs du mari, étroitement resserrés dans des limites précises, formeront pour la femme une garantie sérieuse pour la restitution de sa dot. Ce n'est pas que nous veuillions nous faire le champion du régime dotal : nous serions même plus volontiers celui du régime de communauté. Mais nous pensons que le législateur a agi sagement en permettant à la femme de se placer sous la protection d'un régime qui est si favorable à la conservation de sa dot.

Rechercher comment s'opère la restitution de la dot,

ce qui doit y être compris, quand elle doit avoir lieu , étudier enfin quelles sont les garanties accordées à la femme pour cette restitution, tel sera l'objet de notre étude. Des difficultés sérieuses se présentent chaque jour sur ce sujet. Nous n'avons pas la prétention de les aborder toutes, et encore moins celle de les trancher. Nous nous attacherons seulement à présenter, sur ce sujet, l'ensemble de la législation le plus complétement qu'il nous sera possible , et à examiner quelques-unes des questions les plus importantes de cette matière qui en renferme un si grand nombre.

DROIT ROMAIN.

CHAPITRE PREMIER.

CE QUE DEVIENT LA DOT A LA DISSOLUTION DU MARIAGE.

Reipublicæ interest mulieres dotes salvas
habere, propter quas nubere possunt.
(PAUL, l. 2, *D. de jure dotium.*)

GÉNÉRALITÉS.

La dot, peut être *donnée* ou *promise* [1]. Dans l'ancien
Droit romain, lorsqu'elle était *donnée,* on employait
l'un des modes habituels de translation de propriété
(*Mancipatio in jure cessio* ou *traditio* selon les cas, et
même l'*acceptilatio* et les legs). — Lorsque la dot n'était
pas donnée, mais seulement *promise*, cette promesse
pouvait se faire de deux manières : ou par la formule
générale de la stipulation (demande suivie d'une réponse),
et portait alors le nom de *promissio;* ou par le procédé
spécial de la *dictio* (engagement spontané du constituant
non précédé d'une interrogation). La *dictio,* contrairement
à la *datio* et à la *promissio* qui pouvaient être faites par
tout le monde, n'était permise qu'à la femme ou à son
ascendant paternel, ou au débiteur de la femme, *jussu ejus* [2].

---

[1] Ulp, *Frag.*, tit. vi, § 1.
[2] *Ibid.*, § 2.

Plus tard, la promesse de dot devint obligatoire de quelque manière qu'elle ait été faite, et il y a une constitution de Théodose et de Valentinien qui consacre ce principe (Cod, 5, 11, 6). Alors la *dictio dotis* commença à disparaître, et il n'en est plus question sous Justinien.

Si la dot était constituée par *datio*, le mari devenait immédiatement propriétaire de la dot; — si, au contraire, il y avait *promissio* ou *dictio*, le mari devenait simplement créancier du promettant, et il avait contre lui ou la *condictio certi* ou l'*actio* (*incerti*) *ex stipulatu*. — De sorte que, dans ce dernier cas, le mari devenait bien propriétaire de la dot, mais seulement lorsque le promettant avait exécuté son obligation. — Il semblerait, puisque le mari était propriétaire, que non-seulement il pouvait disposer de la dot comme bon lui semblait, la vendre, la donner, hypothéquer les immeubles dotaux, mais encore qu'il pouvait la transmettre à ses héritiers légitimes ou testamentaires sans que jamais la femme ni ses héritiers eussent aucune réclamation à soulever. Il paraîtrait bien qu'à l'origine les choses se passaient ainsi : on admettait la propriété du mari sur la dot dans toutes ses conséquences, et il n'était jamais question pour lui de restitution à la dissolution du mariage. Puis diverses restrictions furent successivement apportées à la rigueur des principes, dans le double but de faciliter à la veuve un second mariage et de ne pas ajouter à la douleur bien légitime que ressent tout père de famille à la mort de sa fille, celle de voir passer aux mains d'une famille étrangère les biens qu'il avait donnés en dot.

D'abord la restitution de la dot dut être faite dans certains cas. Ensuite fut introduit le *privilegium inter personales actiones*, qui était propre à la femme, qui ne passait point à ses héritiers, et qui s'appliquait à la dot mobilière aussi bien qu'à la dot immobilière. Plus tard encore, l'an 737 de la fondation de Rome, la loi *Julia de Adulteriis* établit que le mari ne pourrait pas aliéner le fond dotal sans le consentement de sa femme, ni l'hypothéquer même avec son consentement. Il est vrai que la jurisprudence restreignit l'application de cette loi aux fonds italiques. — Mais Justinien vint prohiber encore plus que ne prohibait le droit d'avant lui. Désormais le mari ne put hypothéquer ni aliéner le fonds dotal, même *consentiente muliere*, sans plus distinguer entre les fonds d'Italie et les fonds provinciaux. En outre, il donna à la femme une hypothèque légale sur tous les biens du mari, hypothèque privilégiée, d'abord seulement *in rebus dotalibus*, et ensuite sur le patrimoine entier. Plus tard, par la Novelle LXI, Justinien en arriva à permettre plus que ne permettait le droit antérieur, puisque même l'hypothèque du fonds dotal devint possible sous de certaines conditions.

Il y a deux sortes de dots : la dot *profectice* qui est partie du père ou de l'ascendant paternel de la femme, et la dot *adventice* qui provient de tout autre personne. Cette distinction a une importance considérable lorsqu'il s'agit de la restitution de la dot. Dans certains cas, en effet, la dot profectice retourne au constituant *(eo revertit undè profecta est)* ; tandis que la dot adventice ne retourne jamais au constituant en sa seule qualité de constituant. Elle reste toujours au mari à moins que celui qui l'a donnée n'ait stipulé qu'elle lui serait rendue, auquel cas la dot s'appelle spécialement *receptice*. Mais si la dot est constituée par la femme elle-même, elle lui fera retour en cas de divorce, non pas en sa qualité de constituant, mais en sa qualité de femme divorcée.

Dans quels cas la dot retourne-t-elle au constituant ; — dans quels cas passe-t-elle aux mains de la femme; — dans quels cas reste-t-elle dans le patrimoine du mari: — c'est ce que nous allons successivement examiner.

SECTION I.

CAS OU LA DOT RETOURNE AU CONSTITUANT.

Lorsque la femme meurt, *constante matrimonio*, la dot partie du père lui retourne s'il existe encore. Ainsi deux conditions sont indispensables pour que ce retour légal puisse s'exercer : il faut que le mariage soit dissous, non pas par le divorce, mais par la mort de la femme. Il faut aussi que le père ou l'aïeul qui a constitué la dot ne soit pas prédécédé.

Si le constituant est mort avant la femme dotée, la dot reste au mari. Elle lui reste encore, lorsque le père qui survit à sa fille a subi une condamnation. Le père est alors préféré au fisc. (L. 8, *in fine D. de bonis damnat.*)

Dans l'ancien droit, ce retour légal n'avait lieu que sous la déduction d'une fraction au profit du mari. *Dos ad patrem revertitur, quintis in singulos liberos in infinitum relictis penes virum* (Ulp. *frag.* Tit. VI, § 4). *Paulus respondit patrem dotem à se profectam, mortuâ in matrimonio filiâ, deductis quintis singulorum liberorum nomine, repetere posse* (Paul, *Vatic. frag.* § 108). Il résulte de ces textes que le mari retenait autant de cinquièmes qu'il y avait d'enfants. Par conséquent, s'il y avait cinq enfants, le mari retenait la totalité de la dot. C'est une conséquence de ces mots *in infinitum* qui se trouvent dans le texte d'Ulp., ci-dessus rapporté. Cette conséquence paraît même d'autant mieux ressortir de ce texte, que dans le même titre des *Frag.* d'Ulp., au § 10, nous voyons qu'au cas où le mariage se dissout par suite du divorce arrivé par la faute de la femme, le mari restitue la dot en retenant un sixième par chaque enfant, sans que pourtant il puisse jamais retenir plus de trois sixièmes. Cette limite imposée à la rétention fait antithèse au premier cas, où elle peut absorber toute la dot. — Sous Justinien, ce droit de rétention a disparu, et il n'en est pas fait mention dans les Pandectes. Ce n'est plus qu'au point de vue du retour légal de la dot profectice qu'il importe de faire la distinction en dots profectice et adventice. Cette distinction est indifférente à tous autres égards.

Ainsi que nous l'avons déjà indiqué, la dot fait encore retour au constituant dans deux autres cas : au cas de la dot réceptice, c'est-à-dire, au cas de la dot constituée par un étranger avec stipulation de la clause de retour ; et lorsque la femme s'est constituée une dot à elle-même et qu'elle vient à divorcer.

SECTION II.

CAS OU LA DOT EST RESTITUÉE A LA FEMME.

Dans quels cas la dot passe-t-elle aux mains de la femme ? Le mariage est-il dissous par suite du divorce ou par la mort du mari, et non par suite de la mort de la femme ; le mari doit restituer la dot sans qu'il y ait à distinguer si la dot est profectice ou adventice. Il n'y a pas lieu, dans ce cas, de rechercher quelle est l'origine de la dot, parce que le but de la restitution est ici bien différent de celui qui est cause de la restitution de la dot au cas de mort de la femme. La restitution, dans ce dernier cas, a lieu *solatii loco,* à titre de consolation. (L. 6. D. *de jure dotium*). On comprend que le père ou l'aïeul constituant soit préféré au mari pour ce qui vient d'eux-mêmes ; mais on ne comprendrait pas qu'un étranger, qui aurait constitué une dot à la femme, fût préféré au mari. Tandis qu'aux cas de divorce et de prédécès du mari, la restitution de la dot est faite à la femme pour lui faciliter de trouver un second mari. Dès lors qu'importe la provenance de la dot ? N'est-il pas certain que, dans tous les cas, l'intérêt de la femme est préférable à celui de son premier mari ?

Mais si, dans ces deux cas, il n'y a pas lieu de s'occuper de savoir si la dot est profectice ou adventice, il faut au contraire faire une distinction entre le cas où la femme divorcée est *sui juris,* et celui où elle est *in potestate patris.* Au premier cas, la femme peut demander que la dot lui soit restituée, et elle a pour cela une action personnelle, de bonne foi, appelée *actio rei uxoriæ.* Si la femme est en puissance paternelle, c'est au père qu'appartient cette action, car il est de règle que tout ce que le fils ou la fille de famille acquiert est acquis au père de famille. Mais, contrairement aux règles ordinaires, le père ne peut, sans le concours de sa fille, ni exercer l'action *rei uxoriæ,* ni recevoir la dot que le mari lui restituerait volontairement. Cette dérogation aux principes de la puissance paternelle est une garantie pour la fille. Par ce moyen, elle saura d'une façon certaine si la dot a été ou n'a pas été restituée par le mari. Toutefois il y a des cas où la fille de famille peut, à la dissolution du mariage, recevoir la dot sans le concours de son père. C'est d'abord lorsque la dot a été constituée par la femme avec des biens tirés de son pécule. Si elle vient à divorcer, le paiement de sa dot lui sera fait valablement [1]. Les autres cas sont indiqués à la L. 22 *D. sol. Matr.* C'est lorsque le père est, en vertu d'une condamnation, absent de Rome où la dot est réclamée; lorsque le père est en état de démence et que son curateur ne veille pas à demander la restitution de la dot, ou enfin lorsque le père est en captivité chez les ennemis [2]. Dans tous ces cas, la fille peut exercer l'action *rei uxoriæ*, mais elle sera tenue de fournir caution que son père ratifiera ce qu'elle aura fait. Si le constituant meurt avant d'avoir exercé l'action, elle appartient alors à la fille même exhérédée, à moins qu'elle ne retombe à ce moment sous la *potestas* d'une autre personne, ce qui arriverait si la fille avait été dotée par son aïeul paternel.

Que va-t-il arriver si la femme divorcée *sui juris*, meurt avant d'avoir exercé l'action *rei uxoriæ?* Cette action pourra-t-elle être exercée par les héritiers de la femme? Oui, mais seulement au cas où le mari a été mis en demeure de restituer la dot du vivant de la femme, et à plus forte raison au cas où la femme ayant déjà intenté l'action, il y a eu *litiscontestatio.* Hors ces deux cas, les héritiers n'ont pas d'action : la dot reste tout entière aux mains du mari, si la dot est adventice; elle appartient au contraire au père ou à l'aïeul si elle est profectice. Le motif de cette différence est facile à comprendre : lorsqu'il y a eu *litiscontestatio*, ou simple mise en demeure, l'action

---

[1] L. 24, *D. de Jure dotium.*
[2] L. 22, §§ 4-10 et 11, *D. sol. matr.*

rei uxoriæ est en quelque sorte entrée dans le patrimoine de la femme ; il n'est donc pas surprenant que les héritiers puissent l'exercer à sa place. Mais lorsque la femme est restée dans l'inaction, ne s'élève-t-il pas au moins un doute sur le point de savoir si la femme aurait ou non usé du droit qui lui appartient d'exercer l'action? Ce doute suffit pour que l'action ne soit pas transmise *de plano* aux héritiers de la femme. Pour déterminer à qui reviendrait la dot, il s'agissait donc simplement de faire un choix entre ces héritiers et le mari, ou le père constituant, et il n'est pas surprenant que ces derniers aient été préférés aux héritiers de la femme. Nous verrons plus loin que si la femme avait l'action *ex stipulatu*, cette action passait au contraire dans tous les cas à ses héritiers.

SECTION III.

CAS OU LA DOT RESTE AU MARI.

Nous avons déjà indiqué, dans le cours de nos explications, les cas dans lesquels la dot reste aux mains du mari. Mais il importe de rapprocher ces cas les uns des autres.

C'est d'abord lorsque, la dot étant *profectice*, la femme meurt après son père qui l'avait dotée; ou lorsque, ayant divorcé, elle meurt sans avoir intenté l'action *rei uxoriæ*, ou sans avoir mis le mari en demeure, et que d'ailleurs, son père ou son aïeul est prédécédé.

S'il s'agit d'une dot *adventice*, elle reste toujours au mari, lorsque le mariage se dissout par la mort de la femme; mais s'il se dissout par le divorce, le mari ne retient la dot qu'au cas où la femme vient à mourir avant d'avoir intenté son action, ou mis son mari en demeure de restituer.

Si la dot est *réceptice*, et que la stipulation porte que la dot sera restituée au constituant, en cas de prédécès de la femme; si, de plus, le constituant meurt avant la femme, et qu'enfin le mariage se dissout par la mort de celle-ci, la dot reste encore au mari.

————

CHAPITRE II.

DES ACTIONS QUI SONT DONNÉES POUR LA RESTITUTION DE LA DOT.

Lorsque le mariage est dissous, ceux à qui la dot doit être restituée ne peuvent s'en emparer de leur propre autorité. Ils doivent en conséquence actionner le mari ou ses héritiers [1].

Nous avons déjà vu [2] que non-seulement la femme pouvait agir en restitution de dot, mais qu'il en était encore de même de son père quand elle était sous sa puissance, ou bien quand la dot était profectice et que le mariage se dissolvait par la mort de la femme. Nous avons aussi rapporté que le *paterfamilias* ne pouvait exercer l'action de la dot sans le consentement de sa fille.

SECTION I.

ACTIONS REI UXORIÆ ET EX STIPULATU. — ACTION NOUVELLE EX STIPULATU.

Mais quelles sont les actions qui sont données pour la

[1] *Constit. de Dioclétien et Maxim.*, L. 9, C., liv. 5, t. 18.
[2] Pag. 16.

restitution de la dot?— Dans le Droit d'avant Justinien, il y
avait d'abord l'action *rei uxoriæ,* action de bonne foi qui était
attribuée dans tous les cas sans qu'il soit besoin de la stipuler; il y avait en outre l'action *ex stipulatu ,* si la restitution
de la dot avait été stipulée. Quand nous disons que l'action
rei uxoriæ était accordée dans tous les cas, nous entendons
parler des cas où la restitution de la dot est de droit; car s'il
s'agit d'un étranger qui a constitué la dot , il n'a droit à la
restitution que s'il l'a stipulé : par suite , il n'aura pas
l'action *rei uxoriæ,* mais il pourra avoir l'action *ex stipulatu.*

Depuis une constitution de Justinien[1], on n'accorde plus
pour la restitution de la dot que la seule action *ex stipulatu.*
L'action *rei uxoriæ* a été confondue dans la précédente et,
en quelque sorte, absorbée par elle. Mais, pour bien comprendre quelle a été l'œuvre de Justinien, il importe de
rechercher quels étaient les caractères propres à chacune
de ces actions, et d'étudier ensuite la nature mixte de la
nouvelle action *ex stipulatu.*

L'action *rei uxoriæ* était une action de *bonne foi,* c'est-
à-dire, une action dont la formule civile contenait, ajoutés
à la question de droit, ces mots : *quod æquius meliùs.* La
simple insertion de ces mots dans la formule donnait aux
juges « la mission spéciale de prendre en considération
» toutes les circonstances d'équité , de bonne foi et de juste
» convenance, pour décider de l'existence et de l'étendue
» de l'obligation ou des obligations réciproques qui étaient
» soumises à son appréciation[2].» Le mari, poursuivi par

---

[1] L. uniq. Cod., § 13, *De rei uxor. act.*
[2] Ortolan, *Explic. hist. des instit.,* t. III, n° 1985.

cette action, avait le droit: 1° de faire, pour différents motifs
déterminés par l'usage, certaines retenues sur la dot; 2° de
ne restituer les choses appréciables au poids, au nombre ou à
la mesure, qu'en trois ans et par tiers *(annua, bimâ, trimâ
die)*; la restitution n'était immédiatement obligatoire que
pour les corps certains qui n'avaient pas été vendus au mari
lors de la constitution; enfin 3° d'opposer le *bénéfice de compétence*, c'est-à-dire, le bénéfice de n'être condamné que
quantum facere posset. Cette action était personnelle à la
femme et non transmissible à ses héritiers, à moins qu'elle
n'eût mis son mari en demeure [5]. Mais elle pouvait être exercée
par la femme contre les héritiers du mari. Si le mariage se
dissolvait par la mort du mari et si celui-ci avait fait quelques
libéralités à sa femme par institution, legs ou fidéicommis,
la femme ne pouvait cumuler ces avantages avec l'exercice
de l'action *rei uxoriæ* : en vertu d'un édit nommé *de
alterutro*, elle était obligée d'opter entre l'un ou l'autre de
ces droits.

L'action *ex stipulatu* était, au contraire, une action de
droit strict, comme toutes les actions provenant de la stipulation. Pour que le juge pût prendre en considération toutes
ces circonstances d'équité, de bonne foi et de juste convenance, qu'il peut invoquer de plein droit en vertu de l'action
rei uxoriæ, il fallait que le défendeur à l'action *ex stipulatu*
opposât l'exception de dol. Il résulte de là que cette action était
plus rigoureuse que la précédente contre le mari et plus favorable à celui qui demandait la restitution. Il en résulte aussi
qu'il n'était question pour le mari d'aucune retenue, d'aucun délai, d'aucun bénéfice de compétence: il devait restituer

---

[5] Ulp., *Frag.*, tit. vi, § 7.

2

la dot en entier immédiatement et sans qu'on prenne en
considération sa situation financière. Dans cette action, tout
était de rigueur. — Contrairement à ce qui avait lieu pour
l'action *rei uxoriæ*, elle passait aux héritiers du stipulant,
et si le mari avait fait à sa femme des libéralités par acte
de dernière volonté, celle-ci cumulait ces avantages avec
l'exercice de l'action *ex stipulatu* pour la reprise de sa dot :
l'édit *de alterutro* n'était pas applicable dans ce cas.

Justinien, pour garantir la restitution de la dot, fond
entre elles les deux actions que nous venons d'examiner.
Dorénavant, de quelque manière que les dots aient été cons-
tituées, qu'elles soient profectices ou adventices, qu'il ait
été dressé un écrit ou qu'il n'en ait pas été dressé, qu'il
y ait eu ou non des stipulations pour la restitution de la
dot, que ces stipulations soient valables ou qu'elles soient
nulles, dans tous les cas, la femme pourra redemander sa
dot par une action *ex stipulatu*, comme s'il y avait eu entre
les époux une stipulation tacite. Il y a plus, cette action *ex
stipulatu* emprunte à l'ancienne action *rei uxoriæ* son
caractère de bonne foi : mais toutefois les retenues, délais
et bénéfice de compétence ne passent pas complétement à
la nouvelle action *ex stipulatu*. D'abord il n'y a plus de
retenues sur la dot : le mari doit la restituer *in integrum* [1].
Ensuite il y a un délai pour la restitution : tous les biens
dotaux mobiliers, corporels ou incorporels devront être
restitués dans l'année ; les immeubles seront restitués immédiatement. Enfin le bénéfice de compétence est accordé au
mari ou à ses héritiers. L'action *ex stipulatu* pourra maintenant être exercée tant par la femme que par ses héri-

---

[1] C., liv. v, t. 13, l. un., § 5.

tiers, sans qu'il soit nécessaire que le mari ait été mis en
demeure de restituer.

En outre Justinien accorde à la femme, sur les biens de
son mari, une *hypothèque tacite* égale à celle qu'a le pupille
sur les biens de son tuteur ; il veut même que cette hypothèque soit *privilégiée* et qu'elle prime les hypothèques qui
lui sont antérieures en date. Mais ce privilége est personnel
à la femme ; il ne passe pas à ses héritiers qui ne succèdent
qu'à l'hypothèque ordinaire [1].

En outre de l'action *ex stipulatu*, la femme a encore
(en vertu d'une autre constitution de Justinien [2]), après
la dissolution du mariage, une action utile en revendication des objets qu'elle a apportés en dot, soit mobiliers, soit
immobiliers, estimés ou non estimés, parce que la subtilité
des lois, en supposant ces objets passés dans la propriété
du mari, fait une supposition contraire à la vérité des
choses.

L'hypothèque tacite de la femme sur les biens de son
mari, prime les autres créanciers hypothécaires du mari,
même antérieurs en date. Mais lorsque la femme est en
concurrence avec la république, avec le fisc, son hypothèque
cesse d'être privilégiée, et sa créance primera celle de la
république, ou sera primée par elle, suivant qu'elle lui
sera antérieure ou postérieure en date [3].

De plus, cette hypothèque privilégiée n'est pas accordée
aux femmes hérétiques, suivant la Novelle CIX.

---

[1] *Inst.*, liv. IV, t. 6, § 20.
[2] C., liv. V, t. 12 ; L. 30.
[3] C., liv. V, 12 ; L. 9.

SECTION II.

CONTRE QUI CES ACTIONS SONT DONNÉES.

Nous avons indiqué çà et là, dans le cours de nos explications, quelles sont les personnes contre lesquelles sont
données les actions en restitution de la dot. Mais c'est bien
ici le cas de présenter le résumé de ce que nous avons
déjà dit à ce sujet, résumé que nous empruntons d'ailleurs à la l. 22, § 12. *D. Solut. matr.* Si le mari est *paterfamilias*, l'action de la dot a lieu contre lui, soit que la
dot lui ait été donnée à lui-même, à un autre de son consentement, ou enfin à une personne qui est encore ou qui
a cessé d'être sous sa puissance. Dans tous ces cas, en effet,
le mari est responsable de la dot, du moment que le constituant s'est dessaisi de la chose dotale.

Si le mari est *filius familias*, il est évident qu'on agira
contre son père, si c'est à lui que la dot a été donnée pour
le fils; et on ne pourra agir contre le fils qu'autant qu'il
aura été héritier de son père. Mais, si la dot a été donnée
au fils lui-même, il faut distinguer si celui-ci l'a reçue par
ordre du père ou sans son ordre. S'il l'a reçue par ordre du
père, le père sera tenu pour la totalité; mais, s'il l'a reçue
sans ordre du père, celui-ci ne sera tenu que jusqu'à concurrence du pécule et de ce qui a tourné à son profit; le fils
sera tenu du surplus [1].

Quand la dot a été donnée au beau-père de la femme,
nous avons dit que le mari n'était tenu qu'autant qu'il

---

[1] L. 53, *D. solut. matr.*

était héritier de son père, à qui la dot avait été payée. Aussi, si le mari a été déshérité, faut-il décider que la femme n'a d'action que du jour où la succession du père a été acceptée et contre celui qui l'a acceptée. Si le fils est institué seulement pour portion et sous une condition, et si ses cohéritiers paient à la femme la portion de dot dont ils sont passibles, avant que la condition fût remplie, le fils n'est tenu de payer à la femme que ce qui lui reste dû, parce qu'il n'aurait aucune action contre ses cohéritiers pour répéter ce qu'il aurait payé de trop à la femme.

L. *44*, *D. Solut. matr.* — Un gendre a institué son beau-père héritier, puis il meurt, et le beau-père fait l'addition d'hérédité. Plus tard, le beau-père lui-même meurt, sa fille alors aura contre ses héritiers l'action de dot, car elle n'est plus sous la puissance de son père. Du vivant de celui-ci, elle ne pouvait agir, et son père ne le pouvait pas lui-même, puisqu'il avait recueilli toute la succession de son gendre. La fille pourra même exercer l'action de dot du vivant de son père, si celui-ci l'a émancipée.

Cette première partie de la loi est simple. La seconde, un peu plus compliquée, prévoit un cas où il existe deux actions qui se trouvent paralysées en même temps. Voici l'espèce.

« Lucius Titius, au nom de sa fille, a promis cent en dot à son gendre Gaïus Seïus, et il a été convenu entre eux que Gaïus Seïus ne réclamerait pas la dot du vivant de Lucius Titius. Plus tard, il y a divorce par la faute du mari, et Lucius Titius meurt ayant exhérédé sa fille et institué d'autres héritiers. Le mari peut-il, dans ce cas, exiger la dot des héritiers de son beau-père? La difficulté naît de ce que le mari n'a aucun intérêt à agir, puisqu'il devra restituer à sa femme. Le jurisconsulte Paul a répondu: Puisque le père a institué d'autres héritiers que sa fille, celle-ci a l'action en réclamation de dot, et par suite il faut bien que son mari lui fournisse ou la dot ou les actions pour l'obtenir. Les héritiers du beau-père ne pourront opposer aucune exception au mari, car il serait absurde de dire que celui-là commet un dol qui exerce une action pour restituer de suite. D'ailleurs si le divorce avait lieu après la mort du père, mais avant que la dot ait été réclamée par le mari, dirait-on qu'il serait repoussé dans son action de dot ? C'est inadmissible. Mais il faut même décider qu'au cas où la fille serait héritière de son père pour partie, le mari devra poursuivre ses cohéritiers pour leur part virile et restituer à la femme, ou bien lui fournir directement ses actions. »

Dans cette loi il s'agit de deux actions distinctes : 1° celle du mari pour se faire payer la dot ; 2° celle de la femme pour se la faire restituer. L'action du mari se trouve, par suite de la convention, retardée jusqu'au décès du constituant. Celle de la femme s'ouvre bien avant cette époque, mais jusqu'à cette époque elle se trouve sans objet ou plutôt sans cause, et par suite elle ne peut être exercée. Si en effet la femme exerçait son action de dot de suite après le divorce, elle serait repoussée par une exception de dol, car il y a dol à réclamer de quelqu'un ce que celui-ci a été dans l'impossibilité d'obtenir. Depuis la constitution de Justinien, il ne sera même pas nécessaire d'insérer cette exception dans la formule, car l'action *ex stipulatu*, étant de bonne foi, la comprend implicitement. Ainsi ces deux actions, celle du mari et celle de la femme, ne pourront être exercées qu'à partir du même moment, c'est-à-dire, du décès du mari. Ce dernier pourra bien agir directement contre les héritiers de son beau-père, mais il sera tenu de restituer ensuite à sa femme ce qu'il aura obtenu. Si la femme exerce contre lui l'action *ex stipulatu*, il devra ou lui restituer ce qu'il a déjà obtenu par son action, ou bien, s'il n'a pas encore agi, lui fournir son action.

SECTION III.

DU BÉNÉFICE DE COMPÉTENCE.

Le bénéfice de compétence a été emprunté par Justinien à l'ancienne action *rei uxoriœ*, et transporté par lui à la nouvelle action *ex stipulatu*. Ce bénéfice consiste en ce que les personnes poursuivies en restitution de la dot ne sont condamnées à restituer que jusqu'à concurrence de leurs facultés. Il est accordé d'abord au mari, puis au beau-père actionné par sa bru, parce qu'il est regardé comme son père [1]. Mais ce bénéfice est personnel, il s'éteint avec le bénéficiaire et ne passe pas à ses héritiers [2]. Toutefois quand la femme agit en restitution de dot contre ses propres enfants, héritiers de son mari, ceux-ci ne sont condamnés que jusqu'à concurrence de leurs facultés [3]. D'un autre côté, ce bénéfice, qui n'est pas transmissible aux héritiers du mari, peut être invoqué par lui, non seulement contre la femme, mais même contre ses héritiers.

Comment s'estiment les facultés du débiteur de la dot ? Qu'est-ce qui doit être compris dans le calcul de ces facultés ? — D'abord la l. 15, *D. Solut., matr.* dit, dans son principium, *qu'on considère le temps de la chose jugée, pour apprécier les facultés du mari.* Ce qui veut dire que lorsque le mari, poursuivi en vertu de l'action de la femme, a été condamné à restituer la dot, c'est au temps de cette condamnation qu'il faut se référer, pour savoir *quantum facere*

---

[1] L. 15 et 16, *D. solut. matr.*
[2] L. 12 et 13, *ibid.*
[3] L. 18, *ibid.*

poterit maritus. Nous pensons aussi que c'est à la même époque qu'il faut se reporter, lorsqu'au lieu de mari, c'est le père de celui-ci qui est actionné par la femme, comme ayant reçu la dot. Il est vrai que la l. 15, dans son principium, ne parle que du mari ; mais cette même loi, dans son § 2, accorde au beau-père de la femme le bénéfice de compétence ; et, si elle ne dit rien quant au temps où il faut se placer pour apprécier les facultés du beau-père, c'est sans doute parce qu'elle entend se référer à ce qu'elle a déjà dit au commencement, relativement au mari. On peut dire aussi que le jurisconsulte s'est expliqué sur le *quod plerumque fit*, et qu'il n'y a pas de bonne raison pour ne pas étendre son explication au cas qui nous occupe.

Pour savoir à combien s'élèvent les facultés du mari et si elles suffisent pour le remboursement de la dot, on estime d'abord ses biens. On ne déduit pas de cette estimation les dettes du mari, comme cela se ferait s'il s'agissait par exemple de l'héritier d'une personne qui serait poursuivie en délivrance d'un legs. Dans ce cas, pour savoir si le legs peut être payé, il faudrait commencer par retrancher le passif de l'actif, en vertu de l'axiome : *nemo liberalis nisi liberatus.* Mais ici il en est autrement, parce que les biens du mari, qui sont destinés à payer ses dettes, font encore partie de son patrimoine, et que d'ailleurs la femme, sous l'empire de la constitution de Justinien, arrivera en première ligne pour se faire payer sur ces biens, en vertu de son hypothèque privilégiée. — Une fois cette estimation faite, on y ajoute le montant des sommes que le mari a dépensées pour sa femme ou qu'il a payées pour elle, en vertu de son mandat ; toutes sommes d'ailleurs qu'il pourrait réclamer contre sa femme. Mais pour les sommes qu'il n'a pas encore payées, bien que le terme soit échu, ou qu'il s'est obligé à payer pour sa femme sous condition, et dont la condition n'est pas encore accomplie, elles ne seront pas ajoutées à l'estimation des biens du mari.

Si le mari est convenu avec sa femme qu'il ne serait pas condamné à la concurrence de ses facultés, mais bien à la restitution de la dot entière, ce pacte doit-il avoir son effet? Ulpien, d'après Pomponius [1], pense que non, parce que ce pacte répugne aux mœurs comme contraire au respect qu'une femme doit à son mari.

Si le juge, par ignorance du droit, a condamné le mari à restituer la dot en entier, Nératius et Sabinus disent que celui-ci pourra invoquer l'exception de dol et se garantir de la sorte contre l'exécution de la condamnation [2].

Lorsque le mari ou son père invoque le bénéfice de compétence, ils ne sont tenus, quant à présent, de restituer la dot que jusqu'à concurrence de leurs facultés. Mais si plus tard il leur survient d'autres biens, et s'ils sont poursuivis pour ce qu'ils restent devoir, ils seront tenus de payer. En un mot, le bénéfice dont il s'agit ne leur accorde qu'une faveur, celle d'échapper aux voies de contrainte judiciaires en payant le *quantum facere possunt* : mais il ne les libère définitivement que jusqu'à concurrence de ce qu'ils ont réellement payé.

SECTION IV.

QUAND ET COMMENT S'ÉTEIGNENT LES ACTIONS EN RESTITUTION DE LA DOT

Les actions en restitution de la dot s'éteignent sous

---

[1] L. 14, § 1, D. solut. matr.
[2] L. 17, § 2, D. solut. matr.

l'empire du droit de Justinien, par la restitution intégrale
de la dot ou par le retour de la femme à son premier
mari. En outre de ces deux cas d'extinction, il y avait
encore, suivant le droit des Pandectes, les cas suivants :
l'acceptation d'un legs laissé à la femme par son mari, la
mort de la femme avant que son mari fût en demeure de
lui restituer sa dot, enfin la confiscation entière de la
dot.

1° *Restitution intégrale de la dot.* — L'action de la dot
(*actio ex stipulatu bonæ fidei* sous Justinien), s'éteint surtout, et le plus ordinairement, par la restitution de la dot.

Mais l'action de la dot n'est pas toujours éteinte par cela
seul qu'il y a eu remboursement. Il peut arriver, par
exemple, que la femme ait reçu le fonds dotal, mais non
les fruits perçus depuis le divorce : elle aura alors l'action
de la dot, parce que celle-ci n'a pas été restituée en entier,
puisque les fruits en faisaient partie. De même encore,
l'action de la dot survivra, dans les mains de la femme, à
la restitution des esclaves dotales, si on ne lui a pas rendu
en même temps les enfants qui sont nés d'elles, ainsi que
les successions ou les legs acquis par les esclaves dotaux à
son mari depuis le divorce [1].

D'ailleurs, il n'est pas nécessaire qu'il y ait un payement
réel pour que la dot soit sensée rendue; il suffit que la
femme en ait donné quittance ou ait accepté une novation.
Pourtant si, après la dissolution du mariage, elle a été
amenée par dol à accepter la délégation d'un débiteur
insolvable, elle aura encore l'action de la dot [2].

L. 31, § 4, D. solut. matr.
[2] L. 22, § 2, ibid.

2° *Retour de la femme divorcée à son mari.* — Lorsqu'une femme divorcée *revertit ad eumdem virum,* elle est présumée s'être constituée, pour le second mariage, la dot qu'elle avait dans le premier, lorsqu'il n'a rien été dit à ce sujet [1]. Mais si l'action en restitution de dot n'est pas encore intentée, ou si elle est encore pendante lorsque la femme retourne à son mari, qu'arrivera-t-il? Cette action s'éteindra, et tout rentrera en son premier état [2]. Si pourtant la femme s'avisait, sous l'empire de l'ancien droit, à intenter, après son retour, l'action *ex stipulatu,* on lui opposait l'exception de dol, ainsi que le décide Modestin à la l. 13, *D. de Jure Dotium.* Si elle agissait *rei uxoriæ,* il n'était même plus besoin d'exception, parce que cette action était de bonne foi.

Mais le retour de la femme à son premier mari n'éteint l'action de la dot qu'autant qu'elle avait lieu pour la femme elle-même. Si, au contraire, il s'agit de l'action de la stipulation intentée par l'étranger qui, en constituant la dot, avait stipulé qu'elle lui serait rendue en cas de dissolution du mariage, cette action ne s'éteindra pas : l'étranger pourra réclamer la dot au mari même après le retour de la femme.

3° *Acceptation par la femme d'un legs provenant de son mari.* Dans l'ancien droit, en vertu de l'édit *de alterutro,* lorsqu'un legs avait été fait à la femme par son mari, et que la femme acceptait ce legs, l'action *rei uxoriæ* s'éteignait. Pareillement, si elle intentait cette action, elle renonçait par là même au legs. Si au contraire elle agissait par

[1] L. 30 et 40, *D. de jure dotium.*
[2] L. 19, *D. solut. Matr.*

l'action *ex stipulatu*, elle pouvait demander tout à la fois sa dot et le legs. Sous Justinien, l'action *ex stipulatu* ayant absorbé *l'action rei uxoriæ* ce mode d'extinction, de l'action de la dot a disparu.

4° *Mort de la femme avant que son mari fût en demeure.* — L'action *rei uxoriæ* s'éteignait avec la femme ; elle ne passait à son héritier que lorsque le mari avait été mis en demeure. Sous Justinien, l'action *ex stipulatu* est transmissible aux héritiers de la femme, même quand le mari n'est pas en demeure ; comme cela d'ailleurs avait lieu autrefois pour l'action *ex stipulatu* toutes les fois que cette action était donnée.

5° *Confiscation entière de la dot.* — Sous l'ancien droit, où l'action *rei uxoriæ* appartenait à la femme seule et ne passait pas à ses successeurs, si ses biens étaient confisqués en partie, par exemple pour un tiers, elle pouvait encore exercer l'action de la dot pour deux tiers ; mais le fisc ne pouvait pas l'exercer pour l'autre tiers. De même, si c'était la dot elle-même qui était confisquée pour partie, la femme ne pouvait plus exercer son action que pour partie. Si, au contraire, la dot avait été confisquée en entier, l'action était complétement éteinte. Nous pensons même que si la confiscation portait sur tous les biens propres de la femme, sans atteindre sa dot, l'action serait encore éteinte, par la raison, que nous venons d'indiquer, que l'action ne passe pas au fisc. Mais il en était autrement quand il y avait lieu à l'action *ex stipulatu :* cette action, passant aux successeurs, pouvait aussi être exercée par le fisc. De sorte que, sous Justinien, où l'action *ex stipulatu* reste seule, il faut dire que l'action de la dot ne s'éteint plus par la confiscation de la dot entière.

SECTION V.

DE LA RESTITUTION DE LA DOT DURANT LE MARIAGE.

En général, la restitution de la dot n'a lieu qu'à la dissolution du mariage, et souvent même le mariage se dissout
par divorce pour obtenir cette restitution. Mais il peut
arriver que les biens dotaux soient gravement compromis par le mari, et, pourtant, que la femme par affection
pour son mari ne veuille pas recourir au divorce. Alors
elle a une ressource qui nous est indiquée par Ulpien [1] :
elle peut, pendant le mariage, agir en restitution de dot,
et elle peut exercer cette action dès qu'il devient évident
que les facultés du mari seraient insuffisantes pour le
remboursement de la dot. Ce n'est pas là porter atteinte
au mariage, c'est simplement changer le régime des biens.
Justinien, trouvant qu'il était convenable d'accorder cette
faculté à la femme, garantit son action par une hypothèque,
absolument comme si le mariage était dissout [2]. Mais,
en même temps, il dispose que la femme à qui on aura
rendu sa dot pendant le mariage ne pourra pas l'aliéner,
et devra en employer les revenus à supporter les charges
du mariage.

---

[1] L. 24, D. solut. matr.
[2] L. 19, c. De Jure dotium.

CHAPITRE III.

CE QUI DOIT ÊTRE RESTITUÉ.

A cette question: qu'est-ce qui doit être restitué? la réponse est quelquefois très-facile. Si la dot consiste en un immeuble, nul doute en effet que cet immeuble doive être restitué. De même encore, il n'y a pas de difficulté lorsqu'il s'agit d'objets mobiliers qui existent en nature entre les mains du mari. — Mais souvent la question est délicate à résoudre, lorsqu'il s'agit de savoir si les fruits de la chose dotale doivent être restitués, lorsqu'il s'agit de faire le compte des dépenses nécessaires à la conservation de la chose, lorsqu'il s'agit de décider qui doit supporter les risques au cas où la chose a péri, etc. C'est l'examen de ces divers cas qui fera l'objet de ce chapitre.

SECTION Iʳᵉ.

DES FRUITS ET DES INTÉRÊTS DE LA DOT.

Les fruits et revenus de la dot appartiennent au mari [1]. C'est lui en effet qui soutient les charges du mariage, et la dot n'a pas d'autre destination que celle d'aider le mari à subvenir à ces charges. On conçoit très-bien qu'il soit le plus souvent obligé de restituer la dot à la dissolution du mariage, parce qu'alors la cause de la constitution de dot a cessé. Mais la restitution des fruits perçus ne se concevrait pas, parce que chaque année, chaque jour,

---

[1] L. 7, princip. et § 1, D. de Jure dotium.

et presque chaque heure du mariage a eu ses charges auxquelles il a fallu faire face avec les revenus de la dot. Il
est donc bien équitable que le mari perçoive les fruits de
la dot sans être jamais tenu à les restituer. Pourtant les
fruits qui auront été perçus entre la constitution de dot
et le mariage seront réunis à la dot et devront être restitués avec elles. Mais c'est qu'alors les fruits n'étaient pas
destinés à subvenir aux charges du mariage puisque le
mariage n'existait pas encore. Il est hors de doute d'ailleurs
que les époux pourront, par une convention particulière,
décider que ces fruits ne s'ajouteront pas à la dot et ne
devront pas être restitués par le mari.

S'il s'agit de produits qui ne sont pas des fruits parce
qu'ils n'ont pas le caractère de périodicité, par exemple
des pierres tirées des carrières du fonds dotal, ou des
arbres, ils devront s'ajouter à la dot; par suite si le mari
les vend, le prix sera dotal. L. 32. D. *de Jure dotium.*

Lorsqu'il a été constitué en dot un usufruit, on demande
si le mari doit ou non rendre les fruits [1]? Ce qui fait la
difficulté, c'est que, en décidant qu'il n'y a pas lieu à la
restitution des fruits, on assimile la dot de l'usufruit à la
dot de la pleine propriété. Et pourtant il semblerait bien
que l'une soit moindre que l'autre. Mais si on observe que
la nue-propriété ne conserve aucun revenu, que par suite
le revenu de l'usufruit est le même que le revenu de la
pleine propriété, et qu'enfin l'usufruitier a toutes les
charges d'entretien, il est juste de décider que la dot qui
consiste en un usufruit entraîne la restitution pure et
simple du droit d'usufruit et non celle des fruits.

---

[1] L. 7, § 2, D. *de Jure dotium.*

Comme les fruits des choses dotales sont destinés à
supporter les charges du mariage, le mari gagnera même
les fruits de la dernière année, au *prorata* du temps qu'a
duré le mariage dans cette année. Pour faire ce compte, on
ne fait pas courir la première année du mariage à partir
de la constitution de dot, ni à partir du jour du mariage,
mais bien à partir du jour où le mari a été mis en possession des fonds dotaux. Mais s'il avait été mis en possession
de ces fonds avant le mariage, il faudrait compter du jour
du mariage [1]. Cette manière de compter se justifie facilement en observant que c'est à dater du jour où il entre
en possession que le mari est tenu de supporter les charges
d'entretien de ces fonds dotaux; ce doit donc être aussi à
partir de ce jour qu'il fera les fruits siens.

Si le mari perçoit les fruits sans avoir supporté les
charges, il restituera une portion de fruits qui sera calculée d'après le temps pendant lequel on a pris soin de la
récolte. Ainsi un mari reçoit, à titre de dot, une vigne un
mois avant la vendange, et le divorce a lieu le lendemain de
la récolte : il devra restituer les 11/12e de la vendange,
car il n'en a eu l'entretien que pendant un mois [2].

Disons aussi que lorsqu'on parle du compte des fruits, on
entend parler du produit net, c'est-à-dire, des fruits, déduction faite des dépenses. Si par exemple la vigne a produit
pour 1600 écus, et que les dépenses s'élèvent à 400, la
somme partageable sera de 1200, sur lesquels la femme
aura 1100 et le mari 100. Il est bien entendu d'ailleurs
que cette déduction des fruits n'a lieu que pour l'année

[1] L. 5 et 6, D. *Solut. matr.*
[2] L. 7, Princip. et § 9. D. *Ibid.*

dans laquelle le divorce a eu lieu, car pour les années échues, les fruits sont réputés avoir été absorbés par les dépenses. Toutefois, s'il s'agissait d'une dépense extraordinaire faite pour la conservation des biens dotaux, par exemple pour la reconstruction d'une métairie qui tombait en ruines, ou pour un défrichement, ces dépenses étant nécessaires, ou, pour le moins, utiles, il est juste que le mari en soit remboursé, et il aura pour cela une action en répétition.

Il est d'ailleurs permis à la femme de stipuler que son mari ne retiendra rien, dans le cas où elle reprendrait son fonds avant la récolte.

Le mari garde les fruits de la dot; en est-il de même des intérêts de la dot qui consiste en une somme d'argent? Oui, évidemment, car les intérêts ne sont pas autre chose que des fruits. Pourtant si nous nous reportons à la l. 69 § 1, *D. de jure dotium*, nous y voyons : *Si une femme à qui Seïus devait une certaine somme, s'est constituée cette somme en dot avec les intérêts à venir, il est rationnel de décider que les intérêts dont l'échéance est arrivée depuis le mariage, feront partie de la dot.* Que les intérêts qui sont échus entre la constitution de dot et le mariage fassent partie de la dot, cela se conçoit ; mais que les intérêts qui ont couru depuis le mariage jusqu'au payement du capital par Seïus en fassent aussi partie, cela semble contraire aux principes. Aussi Cujas propose-t-il de modifier le texte de la l. 69 § 1, en lisant *rationis non est* (il est irrationnel). Mais cette modification proposée par Cujas ne s'appuie sur aucun motif, et d'ailleurs la décision de notre loi 69 est bien facile à justifier. Sans doute il s'agit ici d'intérêts échus pendant le mariage ; mais qu'on ne perde pas de vue que les parties

sont libres de convenir que la dot se composera et du capital et des intérêts, ou bien tout à la fois des fonds et des
fruits [1]. Dans ce cas, le revenu de la dot consistera dans les
intérêts des intérêts, ou les intérêts produits par la somme
résultant de la vente des fruits. Si les parties peuvent ainsi
fixer elles-mêmes quel sera le capital de la dot productif
de revenus, la décision de la loi 69 § 1 ne doit pas nous
surprendre : il y a là, en quelque sorte, une convention
tacite que les intérêts s'ajouteront au capital de la dot jusqu'au jour où cette somme sera payée.

Dans cette même l. 69, au § 2, nous trouvons la solution
suivante : après le divorce, la femme a stipulé du mari la
restitution de la dot avec intérêts, à partir du divorce ; puis
la femme retourne à son mari. Alors la dot, que le mari
n'a pas encore rendue, est censée constituée de nouveau
pour ce second mariage [2] ; et dès que le second mariage
est contracté, la femme perd l'action *rei uxoriæ*, et si elle
exerce l'action *ex stipulatu*, elle sera repoussée par l'exception *doli mali*. Mais pour les intérêts qui ont couru
entre la dissolution et le renouvellement du mariage, ils
seront dus avec le capital primitif, auxquels ils seront ajoutés
pour former la valeur totale à restituer à la fin du nouveau
mariage.

[1] Ulp., l. 4, D. *de pactis dotalibus.*
[2] L., 30 et 40, D. *de Jure dotium.*

SECTION II.

DE L'USUFRUIT CONSTITUÉ EN DOT.

L. 66, *D. de Jure dotium*. — Quelqu'un voulant doter une femme, a constitué au mari, par *in jure cessio*, l'usufruit d'un fonds dont il est propriétaire. Le divorce survenant, comment s'opérera la restitution de la dot qui consiste dans cet usufruit? La difficulté vient de ce que l'usufruitier ne peut pas valablement céder son droit d'usufruit à un autre que le nu-propriétaire, qui acquerrait alors la pleine propriété. Pomponius décide qu'il faut recourir à l'expédient suivant : le mari qui ne peut pas céder son usufruit, peut du moins ne pas exercer son droit par lui-même, et par exemple le louer ou le vendre. C'est ce qu'il fera ; seulement, comme il est tenu à restituer gratuitement, le prix de la location ou de la vente ne sera pas sérieux : il sera fixé *nummo uno*. Par ce moyen le mari continuera d'être usufruitier de droit, mais c'est la femme qui le sera de fait.

L. 78, *D. de Jure dotium*. — Quand un usufruit est constitué en dot pour savoir ce que le mari aura à restituer à la dissolution du mariage, il faut distinguer si c'est le mari ou le constituant qui a la propriété du fonds dont l'usufruit est donné en dot.

1° Le mari a la propriété du fonds : la femme transfère à son mari, par *in jure cessio*, l'usufruit de ce fonds ; le mari ne devient pas usufruitier, mais plein propriétaire : aussi ne sera-t-il pas exposé à perdre son droit par non-usage. Dans ce cas, si le mariage se dissout par le divorce, le mari constituera à sa femme, par *in jure cessio*, un nouvel usufruit pour remplacer le premier qui s'est éteint. Si le mariage se dissout par la mort de la femme, l'usufruit reste irrévocablement réuni à la propriété du mari, non pas *dotis causâ*, mais par consolidation. Aussi le mari ne contribuera-t-il pas aux frais funéraires faits pour sa femme.

Si la dot qui consiste dans l'usufruit du fonds du mari est constituée par le beau-père, et si la femme meurt dans le mariage, le constituant aura de son chef la répétition de l'usufruit.

2° Le constituant a la propriété du fonds dont l'usufruit est donné en dot : dans ce cas, le mari acquiert un véritable droit d'usufruit qui, comme tout usufruit, sera susceptible de se perdre par le non-usage continué pendant deux ans. Supposons donc que cela soit arrivé, que le mari ait perdu l'usufruit par défaut d'usage. — Alors de deux choses l'une: ou la femme a conservé la nue-propriété du fonds dont elle a constitué l'usufruit en dot, ou elle l'a aliénée. Si elle l'a conservée, il n'y a plus de dot, par suite plus d'action dotale, car l'usufruit est venu rejoindre la nue-propriété; et elle ne peut pas faire reproche à son mari de sa négligence, puisqu'elle en a recueilli l'avantage. Si, au contraire, la femme a aliéné la nue-propriété, la consolidation qui s'opère ne profite pas à la femme. Son mari lui a donc causé un dommage en laissant perdre l'usufruit, et il en doit réparation; de sorte que, dans cette hypothèse, la dot de la femme consiste dans l'indemnité dont le mari est tenu envers elle. Le dommage éprouvé par la femme consiste soit dans la privation du prix qu'elle eût obtenu du nouveau propriétaire pour l'usufruit dont elle lui eût procuré le retour, soit dans la satisfaction qu'elle aurait

retirée de son bienfait, en abandonnant gratuitement l'usufruit au nu-propriétaire. Si le mari a conservé l'usufruit et
que le mariage vienne à se dissoudre par la mort de la
femme, l'usufruit continue, car l'usufruitier n'est pas mort,
et le mari le conserve toute sa vie; il est de règle en effet,
que la dot adventice reste au mari quand la femme meurt
dans le mariage. Si, au contraire, le mariage se dissout
par le divorce, il y a lieu à la restitution de l'usufruit. Si
la femme est restée propriétaire, elle peut exercer l'action
rei uxoriæ et contraindre par là le mari à lui faire cession
juridique de l'usufruit. Si la femme a cessé d'être propriétaire, elle a, même dans ce cas, l'action *rei uxoriæ*
afin d'obtenir que le mari se démette de l'usufruit. Sans
doute son mari ne lui transférera pas l'usufruit, car l'usufruitier ne peut pas se démettre de son usufruit en faveur
d'un autre que le nu-propriétaire. Mais bien que la femme
ne puisse pas acquérir l'usufruit du fonds, elle a un grand
intérêt à ce que son mari s'en démette: par exemple, si elle
a vendu le fonds sans déduire l'usufruit (dans ce cas, elle
est tenue par l'action *ex empto* à procurer l'usufruit à l'a-
cheteur), ou bien elle espère obtenir un prix de l'acheteur
en lui offrant l'usufruit, ou bien simplement elle veut
s'attacher l'acquéreur par les liens de la reconnaissance,
en lui procurant gratuitement l'usufruit.

La femme qui s'est constituée en dot l'usufruit d'un fonds
dont elle a la propriété, peut vendre ce fonds à son mari
pendant le mariage. On se demande ce qu'elle pourra
recouvrer par l'action *rei uxoriæ* lors du divorce. Il faut
distinguer si, dans la vente du fonds, le prix a été fixé
d'après la valeur de la nue-propriété ou d'après celle de la
pleine propriété. Au premier cas, la femme peut encore

demander le prix de l'usufruit par l'action dotale. Mais si le mari vient à mourir avant la *litiscontestatio*, ses héritiers ne sont plus tenus à rien envers la femme; en effet, quand même l'acheteur de la propriété eût été tout autre que le mari, la mort de celui-ci aurait mis fin à cet usufruit, quel qu'eût été le nu-propriétaire. Dans le second cas, le fonds ayant été vendu en entier pour le prix qu'il valait, en n'en séparant pas l'usufruit, la femme est considérée comme ayant retiré sa dot pendant le mariage; par suite il n'y a plus lieu, lors du divorce, d'exercer l'action *rei uxoriæ*.

Jusqu'ici nous avons examiné le cas où la femme a la propriété du fonds dont elle se constitue l'usufruit en dot. Mais il peut très-bien se faire qu'un tiers constitue sur son propre fonds un usufruit au mari pour doter la femme. Ce cas est réglé par la l. 66 h. t. dont nous avons déjà parlé.

Il peut aussi arriver que la femme ait l'usufruit d'un fonds dont un tiers a la nue-propriété, et qu'elle se constitue cet usufruit en dot. Dans ce cas, le mari a l'exercice de l'usufruit, et c'est seulement cet exercice qu'il rendra à la femme lors du divorce. Si la femme venait à mourir, l'usufruit serait éteint et irait rejoindre la nue-propriété. Dans ce cas, le mari ne devient pas maître absolu de l'usufruit, parce que l'usufruit est incessible.

SECTION III.

DE LA DOT ESTIMÉE ET DE LA DOT NON ESTIMÉE. — DES RISQUES.

La dot doit être remise en nature, soit qu'elle consiste en meubles, soit qu'elle consiste en immeubles, lorsqu'elle a été donnée sans estimation, et alors les risques sont à la charge de la femme. Mais, en revanche

et par compensation, toutes les améliorations surve-
nues au fonds dotal, ce qui arrivera assez souvent, ou
aux meubles dotaux, ce qui sera plus rare, seront pour
le compte de la femme. — Si, au contraire, il y a eu
estimation des biens constitués en dot, cette estimation
vaut vente, c'est-à-dire que le mari est censé acheter les
biens dotaux, de sorte qu'il ne devra pas rendre ces biens
eux-mêmes, mais le prix auquel ils ont été estimés. Il résulte
de là que le mari se trouve débiteur d'un genre, et que,
par suite la perte totale de la chose donnée, aussi bien
que les détériorations et même les améliorations qui y sur-
viendraient, ne changeront rien à son obligation. Il est
manifeste par là même que le mari a intérêt à ce que les
choses données en dot ne soient pas estimées, parce que
alors les risques ne sont pas à sa charge [1].

Si les choses n'ont pas été estimées, nous avons dit que
la femme souffre des détériorations et profite des améliorations. En voici des exemples. Le fonds dotal s'accroît par
suite d'une alluvion, ou est diminué par suite de l'action de
chaque jour du fleuve.—La dot consiste en une nue-propriété, et l'usufruitier meurt *constante matrimonio* (L. 4.
D. de Jur. dot.) Elle consiste en une femme esclave qui
donne le jour à des enfants pendant le mariage.—Dans
tous ces cas, les améliorations et détériorations sont pour
le compte de la femme.

La dot étant constituée avant le mariage, les biens
donnés ont été estimés. — Cette estimation étant faite
en vue du mariage, est réputée conditionnelle, subordonnée au mariage, et par suite, cette estimation n'entraî-

---

[1] L. 10, *D. de Jure dotium.*

nera qu'une vente conditionnelle. Le mariage a-t-il lieu :
la condition est accomplie; l'estimation et la vente deviennent définitives. — Voici l'intérêt de cette observation :
Si la chose estimée vient à périr avant le mariage, pour
qui sera la perte? pour le mari ou pour la femme ?
Evidemment elle est pour la femme, car le mari n'est
acquéreur que sous condition, et la chose a péri *pendente
conditione.* Si le mariage a lieu ensuite, il ne pourra pas
être question à sa dissolution de la restitution de ces objets, car le mari n'en a jamais été propriétaire, bien qu'à
un moment donné ils aient fait partie de la dot.

Quoique les choses données en dot aient été estimées,
les parties peuvent convenir que l'estimation ne vaudra
pas vente, ou que le mari devra rendre l'estimation ou les
choses elles-mêmes, à son choix ou au choix de la femme.
Si l'on n'a rien dit touchant le choix, il appartiendra au
mari, car il s'agit là d'une obligation alternative; et, dans
les obligations de cette nature, le choix appartient toujours
au débiteur, sauf convention contraire. Nous devons ajouter aussi que si la chose dotale vient à périr, l'alternative
devenant impossible, le mari est absolument tenu de fournir l'estimation.

L. 11. D. *de jure dotium.* — Dans le cas précédent où le
mari se trouve débiteur sous une alternative, si la chose
vient à se détériorer, il pourra se libérer en la rendant
dans l'état où elle se trouve, pourvu que les détériorations
ne proviennent pas de sa faute.

L. 12. h. t. — Lorsque la dot est constituée avant le
mariage et estimée après, s'il résulte de cette estimation
l'intention de faire une donation — l'estimation sera nulle —
par suite, elle n'entraînera pas vente, et à la dissolution

du mariage, le mari sera seulement tenu de restituer la chose donnée en dot. Cela tient à ce que cette estimation, trop faible ou exagérée, cache, sous la forme d'un contrat onéreux, une véritable donation, et que les donations entre époux sont prohibées. — Mais si l'estimation a été faite avant le mariage, comme les donations sont permises entre futurs époux, que décider au cas où la chose ne serait pas estimée à la juste valeur? Cette estimation, étant faite en vue du mariage, est conditionnelle, et la condition ne s'accomplira qu'au moment du mariage; par suite, elle doit être assimilée à l'estimation faite pendant le mariage. De sorte qu'il faut décider que l'estimation faite à juste prix avant ou après le mariage est la seule qui entraîne vente et qui mette le mari dans l'obligation de restituer le prix au lieu de la chose.

La vente qui résulte de l'estimation n'est pas réglée absolument par les mêmes principes que la vente ordinaire. En principe, la lésion, sauf le cas de dol ou de violence, n'est pas une cause de rescision de la vente. Les Empereurs Dioclétien et Maximien introduisirent les premiers cette rescision en faveur du vendeur lésé de plus de moitié du juste prix [1]. Lorsqu'au contraire il s'agit de la vente *dotis causâ*, la lésion doit être réparée dans tous les cas, sans qu'il y ait à distinguer l'importance de la lésion et la partie qui l'éprouve.

L. 14 et 15, *D. de Jure dotium*. — La femme s'est constituée une dot et l'a estimée ou fait estimer; ensuite la chose périt pendant le mariage; peut-elle exercer l'action en restitution de dot? Non, si elle est en demeure de la livrer, car la femme est, dans ce cas, assimilée à un ven-

---

[1] L. 2, *C. de resc. vend.*

deur. Or le vendeur qui est en demeure de livrer la chose, et qui voit ensuite la chose périr par accident, doit des dommages-intérêts qui se compensent jusqu'à due concurrence avec le prix. Donc la femme ne pourra pas exercer l'action *rei uxoriæ*. Que si la femme n'est pas en demeure de délivrer, elle obtiendra le prix comme si la tradition eût été faite, parce que les événements sont aux risques de l'acheteur.

L. 16, h. t. — Toujours dans le cas d'une dot constituée avec estimation, si le mari en est évincé, il peut agir *ex empto* contre sa femme pour se faire indemniser du tort que lui cause l'éviction; et tout ce qu'il obtiendra à ce titre, il sera obligé de le lui rendre à la dissolution du mariage, par l'action de la dot. Le mari a même pu exiger, au moment où la dot a été constituée, que la femme lui promette par stipulation, qu'en cas d'éviction elle lui donnera le double de l'estimation. Si donc le mari a reçu cette somme, il la rendra également à la femme; car la vente qui résulte de l'estimation est faite *dotis causâ*, et il est juste que le mari ne gagne rien aux dépens de la femme [1].

L. 17. h. t. — Quand les choses sont estimées, la responsabilité du mari est réglée dès le jour du mariage : il ne devra que l'estimation. — Mais si la dot n'est pas estimée, quelle sera la responsabilité du mari ? Il répondra d'abord de son dol et de sa faute, mais sa responsabilité ne se bornera pas là; il devra même fournir une diligence égale à celle qu'il apporte à ses propres affaires. On conçoit très-bien que le mari soit tenu plus que le dépositaire (qui ne répond que de son dol et de sa faute lourde). Mais la difficulté était de savoir si le mari serait tenu à la diligence qu'un homme

[1] L. 52, *D. de Jure dotium.*

attentif en général apporte à ses affaires, ou bien à celle qu'il apporte d'habitude à ses affaires personnelles. Il peut, en effet, y avoir un degré entre ces deux responsabilités suivant que le mari sera plus ou moins diligent qu'on ne l'est en général. Cette loi 17, de *Jure dotium*, décide que le mari n'est tenu.que des soins qu'il donne d'habitude à ses propres affaires, parce qu'il se trouve intéressé lui-même à la conservation de la dot qui l'aide à soutenir les charges du mariage. Si en veillant à sa conservation, il fait l'affaire de sa femme, il fait aussi, en partie du moins, la sienne propre ; dès lors, il n'y avait pas de raison pour exiger de lui une vigilance plus grande qu'il n'en déploie d'ordinaire, lorsqu'il s'agit de ses intérêts personnels. Lorsqu'on convient que l'estimation ne vaut pas vente, le mari, en cas d'éviction, n'a contre sa femme aucune action si celle-ci est de bonne foi ; mais, si elle est de mauvaise foi, elle est tenue de l'action de dol (l. 69 § 7. *D. de Jure dotium*). L'estimation sert seulement à déterminer la somme que le mari aura à payer, si la chose périt en totalité par sa faute, ou bien encore à fixer l'indemnité qu'il aura à supporter si la chose subit, également par sa faute, une détérioration partielle.

SECTION IV.

DE LA PERMUTATIO DOTIS.

L. 25. *D. de Jure dotium*. — Une femme qui doit se marier avec celui qui lui doit *Stichus*, convient avec son futur époux qu'il aura en dot dix, au lieu de *Stichus* ; c'est-à-dire qu'elle a constitué en dot ce qui lui était dû par son fiancé, en convertissant cette chose en une somme d'argent. Cette femme se trouve dans la même situation que si elle avait donné en dot *Stichus* en l'estimant. Il ne lui sera dû que l'estimation à la dissolution du mariage, et les risques seront à la charge du mari. Cette conversion peut avoir lieu même pendant le mariage. En un mot la chose dotale peut, en vertu d'une convention, être échangée contre une autre pendant le mariage, ainsi que cela résulte des lois 26 et 27, h. t.

L. 26. La *permutatio dotis* peut avoir lieu *ex pecuniâ in rem* ou *ex re in pecuniam*, si cet échange est utile à la femme. Mais l'échange exige une convention spéciale, comme cela résulte du texte précédent et aussi de la l. 21, *D. de pacto dot.* Toutefois il ne faudra pas confondre avec cet échange de la dot une autre opération qui s'en rapproche, mais qui n'exige pas un pacte spécial : je veux parler de la *dation en payement*. Celui qui a promis en dot une certaine somme, peut donner en payèment un objet particulier. Il n'y aura pas là d'échange ; la chose donnée en payement restera aux risques du mari, comme y aurait été la somme d'argent. Si au contraire il s'agissait d'un véritable échange, il y aurait *permutatio*, non-seulement dans la chose, mais encore dans les risques.

L. 50, *D. de Jure dotium.* Nous avons déjà vu que lorsqu'il s'agit d'une dot adventice et que la femme vient à mourir, la dot reste aux mains de son mari. C'est une application de ce principe qui est faite dans la l. 50. Il s'agit dans ce texte d'une femme qui, ayant en dot un immeuble, a fait divorce et est ensuite retournée auprès de son mari. Elle est convenue avec lui qu'il recevrait dix en dot et lui rendrait le fonds. Puis elle a donné les dix et elle est décédée dans le mariage avant que le fonds lui fût restitué. Ce qui constitue la dot, c'est alors la somme qui a remplacé l'immeuble; il y a *permutatio ex re in pecuniam.* Le mari gardera cette somme, car l'action *rei uxoriæ* ne passe pas aux héritiers de la femme. Mais, comme le fonds ne se trouve plus aux mains du mari *causâ dotis*, mais bien *sine causâ*, les héritiers pourront le réclamer en exerçant la *condictio sine causâ*.

SECTION V.

DES DÉPENSES FAITES A L'OCCASION DE LA DOT.

Ces dépenses peuvent être de plusieurs espèces : elles peuvent en effet être *nécessaires*, *utiles*, ou *voluptuaires*. L'omission des premières détériorerait la dot; celle des autres ne la détériorerait pas [1].

Les *dépenses utiles* ne diminuent pas la dot de plein droit, mais elles donnent lieu à une poursuite [2]. Il serait inique en effet que la femme fût obligée de vendre ou de céder son fonds dotal pour payer des dépenses auxquelles, le plus souvent, elle n'aura pas consenti. Que si au contraire, elle y avait donné son adhésion, il y aura lieu alors à une *deductio* [3]. Mais, dans tous les cas, le mari aura une action pour la plus-value qu'il a donnée à la dot. Nous pensons que cette action est la *condictio indebiti,* car le mari a donné plus qu'il ne devait. C'est du moins ce que décide la l. 5 § 2 *D. de impensis in res dot. factis,* pour le cas des

---

[1] Ulp., *Frag.*, tit. vi, §§ 15-17.
[2] L. 7, § 1, *D. de imp. in res dot. factis.*
[3] L. 8, *ibid.*

dépenses nécessaires , et il nous semble qu'il y a ici même raison de décider.

Les *dépenses voluptuaires* donnent aussi lieu à une action , mais la femme peut y échapper en offrant à son mari d'enlever les embellissements qu'il avait faits , pourvu toutefois que cette séparation soit possible [1]. Si elle ne l'est pas, nous pensons que la femme profite des dépenses voluptuaires sans rien donner en retour, car ce n'est pas sa faute si le mari a fait des dépenses qu'elle désavoue et qu'on ne peut pas enlever. Mais si la femme veut conserver ces embellissements, elle devra payer tout ce qui a été dépensé.

L. 56. §. 3. *D. de Jure dot.*—Ce texte suppose que des *dépenses nécessaires* ont été faites pour la conservation de la dot. Ces dépenses diminuent la dot *ipso jure :* ce qu'il faut entendre en ce sens que, si, à la dissolution du mariage, la dépense n'est pas remboursée, le fonds dotal par exemple sera retenu en tout ou en partie. Mais, pendant toute la durée du mariage, le fonds continue d'être dotal, et par suite inaliénable par le mari seul.

Si l'on a fait sur le fonds dotal, en plusieurs fois , des dépenses dont le montant égale la valeur de ce fonds, Scévola pense que l'immeuble cesse d'être dotal, à moins que la femme n'ait offert à son mari, dans l'année, le remboursement de ces dépenses. A ce sujet, Paul se demande ce qu'il faudra décider si ces dépenses sont payées : dira-t-on que la dot s'est accrue ou qu'elle s'est reconstituée en entier? Quelle que soit la solution que l'on adopte, on arrive à des conséquences singulières. En effet,

---

[1] L. 9, *D. de imp. in res dot. factis.*

si on prétend que la dot s'est accrue, ce sera la somme remboursée qui sera dotale, et on opère ainsi une *permutatio dotis* sans qu'il apparaisse que la femme, ni peut-être le mari, ait voulu cette conversion.

Si au contraire on décide que le fonds redevient dotal, —il faut décider que l'aliénation qui, dans l'intervalle, a pu être valablement consentie par le mari seul, est comme non avenue : résultat fâcheux tout à la fois et pour le tiers acquéreur qui sera forcé de restituer et pour le mari qui sera tenu à la garantie. — Aussi Paul qualifie la décision de Scévola d'inique. Après cela nous aurions lieu de nous étonner de voir ce texte de Paul se terminer ainsi : *Magis est, ut ager in causam dotalis revertatur, sed interim alienatio fundi inhibeatur,* — s'il n'était manifeste que cette dernière phrase est une interpoliation de Tribonien. Celui-ci adopte donc l'opinion de Scévola, mais en y apportant ce tempérament que, dans l'intervalle, l'aliénation du fonds sera prohibée. Mais de quel intervalle s'agit-il ? Est-ce du temps compris entre la dernière dépense qui a atteint la valeur du fonds et le remboursement de ces dépenses qui serait fait à une époque quelconque ?—Ou bien s'agit-il de l'année qui suit la dernière dépense ? — Cette dernière opinion est préférable : elle est adoptée par Glück et M. Pellat qui s'appuyent sur l'autorité du Scoliaste des Basiliques. Voici les conséquences qui en découlent: le fonds cesse d'être dotal dès que les dépenses successives atteignent la valeur totale du fonds ; mais si la femme rembourse la dépense dans l'année, le fonds redevient dotal ; et en attendant l'expiration de cette année, le fonds est inaliénable, bien qu'il ait cessé d'être dotal. Mais une fois l'année écoulée sans remboursement, le fonds a définitivement cessé d'être dotal et le mari peut valablement l'aliéner. — Ces situations diverses de l'immeuble sont fort importantes à connaître pour la question qui nous occupe de la restitution de la dot : il est clair en effet que si l'immeuble a cessé d'être dotal, il ne peut plus être question de restitution de dot; si au contraire, il continue à l'être ou est encore susceptible de le devenir, la femme pourra exercer son action *rei uxoriæ*.

DROIT FRANÇAIS.

Sous l'empire du Droit romain où le régime dotal était seul en vigueur, la question de la restitution de la dot, tout en présentant des difficultés sérieuses, était simple en ce sens que les mêmes difficultés se résolvaient toujours de la même manière. Mais, sous l'empire du Code Napoléon, où l'on envisage la dot sous différents aspects, où il existe plusieurs régimes matrimoniaux, la question devient complexe, et les régles à suivre varient suivant les régimes. Il y a quatre régimes, dont les régles sont tracées par notre code, et que l'on peut adopter en disant seulement dans son contrat de mariage que l'on se marie sous tel régime, ce sont : les régimes de communauté, — sans communauté, — de séparation de biens, — et le régime dotal. Sous tous ces régimes, à l'exception du régime de séparation de biens, il peut y avoir une dot,— et l'on désigne toujours ainsi ce qui est apporté par la femme au mari pour l'aider à supporter les charges du mariage. Du moment qu'il y a une dot, il y a lieu aussi à la restitution de cette dot, lors de la dissolution du mariage; car nous sommes bien loin du temps où le mari, en acquérant la *manus* sur sa femme, devenait proprié-

4

taire si absolu de ses biens que jamais il n'était question
de restituer.

Nous aurons donc à examiner la restitution de la dot
sous trois régimes différents, et nous commencerons
d'abord par le régime dotal, parce que ce régime dérive
du Droit romain dont nous venons de traiter.

RÉGIME DOTAL.

CHAPITRE PREMIER.

QUAND A LIEU LA RESTITUTION DE LA DOT. — CE QU'ELLE DOIT COMPRENDRE.

SECTION I.

QUAND A LIEU LA RESTITUTION DE LA DOT. — PREUVE DE LA RÉCEPTION DE LA DOT.

Dans le droit d'avant Justinien, lorsque la femme pour-
suivait la restitution de sa dot, le mari devait restituer
immédiatement et dans tous les cas, lorsque cette poursuite avait lieu par l'action de droit strict *ex stipulatu*. Il
pouvait au contraire restituer en trois ans et par tiers
(*annua , bimâ, trimâ die*), lorsqu'il était poursuivi par
l'*action rei uxoriæ* et que la dot consistait d'ailleurs en
choses fongibles ou même en choses non fongibles, mais
estimées.

Justinien, en fondant entre elles les deux actions *rei
uxoriæ* et *ex stipulatu*, établit qu'en vertu de la nouvelle

action *ex stipulatu*, le mari sera tenu de restituer les immeubles dotaux sans délai, et les meubles dotaux corporels ou incorporels au bout d'un an [1]. Mais cette constitution de Justinien ne fait pas de distinction entre les choses dotales estimées et celles qui ne le sont pas. En faut-il conclure que sous cet empereur la règle était invariable, pour les immeubles restitution immédiate, pour les meubles délai d'un an? Nous ne le pensons pas, parce qu'il serait injuste et inconséquent de permettre au mari d'aliéner les choses estimées, et d'exiger de lui une restitution immédiate. Il est donc dans l'esprit de la constitution de Justinien de dire que les choses dotales estimées pourront n'être restituées qu'au bout d'un an. — Cette législation fut suivie dans la plupart des pays de droit écrit, — et elle a été reproduite presque complétement dans les art. 1564 et 1565 C. N. Voici d'ailleurs, en résumé, comment s'opère aujourd'hui la restitution de la dot lorsqu'une femme est mariée sous le régime dotal.

Immeubles dotaux: restitution immédiate. — Il n'y a plus lieu de distinguer, comme on le faisait en droit romain [2], entre les immeubles estimés et ceux qui ne l'ont pas été. L'estimation du fonds dotal n'en transporte la propriété au mari que s'il y a une déclaration expresse à cet égard (art. 1552). Il en résulte que le mari ne peut pas aliéner cet immeuble dotal, et que, par suite, il est tenu de le restituer dès la dissolution du mariage.

Meubles dotaux non estimés ou estimés avec déclaration que l'estimation ne vaut pas vente: restitution immédiate (art. 1554, 2°). Cette décision est la même qu'en Droit

[1] C. liv. v, Tit. 13, L. uniq., § 6.
[2] L. 10, § 1, et L. 69, § 8, D. *de Jure dotium.*

Romain. Rien ne doit retarder la restitution car ces choses sont entre les mains du mari ou sont censées y être. Qu'arrivera-t-il donc si le mari n'est plus en détention de ces choses, ce qui est possible puisque les partisans de l'inaliénabilité de la dot mobilière et la Cour de cassation elle-même [1] décident que les meubles dotaux ne sont pas *indisponibles* dans les mains du mari? Alors le mari ne peut pas restituer la chose en nature, puisqu'il l'a valablement aliénée :—il n'en pourra restituer que la valeur. Seulement, comme il n'y a pas eu d'estimation, il pourra s'élever une difficulté pour fixer la valeur de la chose dotale. Comme c'est la femme qui agit en restitution, c'est à elle de prouver que la chose dont s'agit avait telle valeur. Une fois ce point jugé, le mari sera tenu à payer sans délai.

Dot consistant en une somme d'argent ou en meubles estimés sans déclaration que l'estimation n'en vaut pas vente : la restitution n'en peut être exigée qu'un an après la dissolution du mariage (art. 1565). C'est encore là ce qui passait en Droit romain, sous Justinien. Mais ce délai d'un an, qui est accordé au mari pour lui laisser la facilité de faire ses recouvrements doit être supprimé quand, par suite de sa déconfiture, il y a lieu à séparation de biens. Dans ce cas, en effet, le mauvais état de ses affaires est une preuve certaine du péril de la dot, et le bénéfice du temps lui est enlevé [2].

L'action en restitution de dot dure trente ans (art. 2262), à partir de la dissolution du mariage dans le cas de l'art.

---

[1] Arrêt de Cassation du 12 août 1846. — Dalloz, 46, 1, 296 et 297 ;— *Id.*, du 29 août 1848. — Devilleneuve, 49, 1, 727.

[2] Troplong, tom. IV, n° 3637, et Tessier, t. II, p. 258 et 259.

1564, et à partir de l'année de grâce accordée au mari dans le cas de l'art. 1565. Cette action est accordée à la femme ou à ses héritiers contre le mari ou ses héritiers: c'est donc une action personnelle. Mais, dans certains cas, à raison de l'hypothèque légale qui grève les biens du mari, elle peut aussi s'exercer contre les tiers acquéreurs de ces biens l'action alors devient réelle.

La femme qui réclame la restitution de sa dot doit commencer par prouver que son mari l'a reçue, car la promesse contenue dans le contrat de mariage n'est pas toujours une preuve de réception par le mari. Ne peut-il pas arriver en effet que le mari réclame vainement le payement de sa dot, ou qu'il ne réclame pas du tout, ou encore qu'il signe une quittance cachant une donation ou qui a pour but de porter atteinte aux droits de ses créanciers personnels? Dans tous ces cas, il y a lieu d'examiner si le mari a bien réellement reçu la dot. Mais il n'y aura pas de difficulté pour les immeubles dotaux parce que l'erreur et la fraude sont impossibles. S'il s'agit d'une dot consistant en argent, c'est alors surtout qu'il faut examiner s'il y a bien eu réception.

D'abord il arrivera fréquemment que la dot étant comptée au mari après la célébration du mariage, celui-ci délivrera une quittance. La femme alors pourra s'en prévaloir contre son mari en cas de séparation de biens, ainsi que contre ses héritiers et même contre ses créanciers. Si le mari critique sa quittance, devra-t-il être écouté? Pothier [1] et M. Troplong avec lui [2], pensent que non, parce qu'on n'est pas recevable à alléguer sa propre simulation.

[1] Pothier, *Communauté*, n° 298.
[2] Troplong, t. IV, n° 3623.

Les créanciers du mari et ses héritiers pourront au contraire critiquer la sincérité de la créance et prouver qu'elle renferme une donation simulée. Mais, à la différence des créanciers, les héritiers ne pourront attaquer l'acte que pour partie. Le mari, en effet, pouvait faire don à sa femme dans les limites de la quotité disponible. Toute la question sera donc de savoir s'il ne l'a pas dépassée.

Les choses se passeraient de la même manière, si la quittance était donnée après le contrat de mariage, mais avant la célébration du mariage. Il en serait encore de même si le contrat de mariage portait quittance. Pourtant, dans ce dernier cas, et à supposer que le mari eût voulu gratifier sa femme, il ne pourrait revenir contre sa libéralité, parce que les donations faites par contrat de mariage sont irrévocables.

Mais qu'arrivera-t-il si le mari n'a pas donné quittance des deniers constitués en dot? Pourra-t-il, à la dissolution du mariage, venir dire, avec quelque espérance d'être écouté, que jamais il n'a reçu la dot? Non, car la femme, dans tous les cas, a entre mains de puissants moyens de défense.—Le mariage a-t-il duré dix ans depuis l'échéance des termes pris pour le payement de la dot; dans ce cas, la femme ou ses héritiers pourront la répéter contre le mari, après la dissolution du mariage, sans être tenus de prouver qu'il l'a reçue. Ce sont les termes de l'art. 1569. Il y a là une présomption de réception de la dot, présomption qui tire sa raison d'être du long silence du mari. Le mari, en effet, a, le plus souvent, besoin de la dot pour supporter les charges du mariage; et, s'il reste dix ans sans rien réclamer, il est probable ou bien qu'il a reçu la dot, ou bien qu'il a voulu en faire don à sa femme, lorsque celle-ci s'est constituée elle-même une dot. D'ailleurs la présomption de l'art. 1569 s'applique sans qu'il y ait lieu de distinguer si la dot a été constituée par la femme, ou par ses père et mère, ou par un étranger. Dans tous ces cas, la femme, après dix ans, est dispensée de prouver que son mari a réellement reçu la dot. Mais celui-ci peut se défendre en fournissant la preuve contraire, car nous ne sommes pas ici dans l'un de ces cas où, conformément à l'art. 1352, la loi défend la preuve contre la présomption légale. Au surplus, l'art 1569 lui-même dit que le mari pourra détruire cette présomption en « justifiant de diligences inutilement par lui faites pour se procurer le payement de la dot ». Ces diligences ne seront pas seulement des actes judiciaires, mais bien les réclamations de toute nature que pourra faire le mari. Il ne faut voir, d'ailleurs, rien de limitatif dans cette expression de *diligences*. Pourvu que le mari prouve qu'il n'a pas reçu la dot, cela suffit. Si, par exemple, le mari présente une lettre du constituant qui contienne l'aveu formel du non-payement, il faudra en tenir compte.

Cette présomption de l'art. 1569 est une sorte de prescription. C'est la prescription de l'obligation où est la femme de prouver que son mari a reçu la dot. Par suite, elle ne devra pas s'étendre au delà des cas pour lesquels elle est établie. Elle pourra être invoquée par la femme ou ses héritiers contre le mari ; mais elle ne le sera pas par le beau-père ou la belle-mère, ou par un étranger qui aurait constitué la dot. Ainsi il arrivera que le mari sera tenu de restituer à sa femme ou à ses héritiers une dot qu'il n'aura pas reçue ; mais il conservera, dans ce cas, son action contre les constituants. Cette action, en effet, dure trente ans.

Enfin il peut arriver que le mariage n'ait pas duré dix ans depuis le jour où la dot devait être payée, et que d'autre part il n'existe pas de quittance constatant la réception de la dot. Dans ce cas, la femme pourra prouver cette réception tant par titres que par témoins. Elle pourra même faire preuve par commune renommée. On peut en effet argumenter ici de l'art. 1504 C. N. [1].

SECTION II.

DES FRUITS ET DES INTÉRÊTS DE LA DOT.

Le mari gagne les fruits et les intérêts de la dot pendant le mariage, parce que ces fruits et ces intérêts sont destinés à soutenir les charges du mariage. Mais dès que le mariage vient à se dissoudre, le mari cesse de faire les fruits siens. Est-ce la femme qui est prédécédée? Les intérêts et les fruits de la dot courent alors de plein droit au profit de ses héritiers. Il n'y a même pas à distinguer entre le cas où la dot est immédiatement restituable, et celui où une année de grâce est accordée. En droit romain, au contraire, les intérêts ne commençaient à courir qu'à l'expiration de l'année [2], dans les cas où, conformément au dernier état du droit, un délai d'un an était accordé pour la restitution. Mais, chez nous, si les intérêts courent de plein droit dès le jour de la dissolution du mariage, il faut dire aussi qu'au cas où cette dissolution arrive par suite de la mort du mari, la femme a le choix d'exiger les intérêts de sa dot pendant l'an du deuil et jusqu'à sa restitution, ou bien

[1] Tessier, *Traité de la Dot*, p. 248 et 249.
[2] L. uniq., § 7, C. *de rei uxor. actione.*

de, se faire fournir des aliments pendant ledit temps aux dépens de la succession du mari (art. 1570). C'est là une option qui est accordée à la femme. Mais, dans les deux cas, l'habitation, durant cette première année de veuvage, et les habits de deuil demeurent une charge de la succession. Il serait triste en effet que la femme qui vient de perdre son mari se vît contrainte de quitter sans délai le domicile conjugal : ce serait ajouter encore à sa douleur que de l'expulser d'une habitation à laquelle elle est attachée par les liens du souvenir. Quant aux vêtements de deuil, ils sont encore à la charge de la succession du mari par suite de ce vieux proverbe judiciaire : « Que la femme ne doit pas pleurer le mari à ses dépens. » Cette dette est aussi fondée sur l'obligation imposée à la femme de garder la viduité pendant dix mois (art. 228, C. N.). Il est juste, dit Lebrun à ce sujet, que les héritiers du mari fournissent à la veuve *le triste équipage qui l'avertit des devoirs de son état* [1].

Il est bien entendu d'ailleurs que le deuil de la femme et son habitation doivent être réglés à raison du rang et de la condition des époux et de la fortune laissée par le mari. Les tribunaux ont, pour fixer le montant de ces droits, un pouvoir discrétionnaire.

Comment se fait le calcul des fruits? Pour les fruits civils, pas de difficulté : comme ils s'acquièrent jour par jour, il devra en être restitué une quantité qui se calculera d'après le nombre des jours écoulés entre la dissolution du mariage et la restitution : il sera restitué pour chaque jour $\frac{1}{365}$ des fruits.

---

[1] Lebrun, p. 222, n° 38.

Mais s'il s'agit des fruits naturels, il se présente une dérogation au droit commun. D'après le droit commun, les fruits naturels s'acquièrent par la perception. De sorte que si on appliquait cette règle générale au régime dotal, on pourrait arriver au résultat suivant : Si le mariage venait à se dissoudre la veille de la récolte, le mari serait tenu de la restituer en entier. Si, au contraire, il se dissolvait le lendemain de la récolte, le mari la garderait toute entière, sauf récompense pour les frais de labour et d'ensemencements. C'est ainsi que les choses se passent sous le régime de communauté (art. 1401). Mais il en est autrement sous le régime dotal. Sous ce régime, en effet, le mari fait un traité à forfait pour soutenir les charges du mariage. Il prend l'engagement de faire marcher le mariage à son compte, pourvu qu'on lui laisse la jouissance de la dot. Il est donc juste qu'il perçoive les fruits de la dot jusqu'au moment où ses charges viennent à cesser, et par suite il faut que les fruits de la dernière année se partagent entre le mari et la femme au *prorata* du temps qu'a duré le mariage dans cette dernière année. Telle est la disposition de l'art. 1571 ; et cet article termine en disant que l'année commence à partir du jour où le mariage a été célébré. Cela n'était pas inutile à dire, car nous avons vu (p. 36) qu'en Droit romain, pour faire le calcul des fruits, on faisait courir la première année du mariage à partir du jour où le mari avait été mis en possession des fonds dotaux. Cette manière de compter, qui a bien sa raison d'être, n'a pas été suivie par les rédacteurs du Code Napoléon, à cause de la difficulté de savoir le jour précis où le mari était entré en possession. On a préféré une base plus fixe, plus sûre, un point de départ plus facile à vérifier.

Mais si, en ce point, nous nous écartons du Droit romain, nous le suivons au contraire à la lettre en ce qui concerne les frais de labour, semences et récoltes. Tous ces frais sont prélevés sur les fruits avant tout partage, par celui des époux qui en a fait l'avance. De sorte qu'on ne partage jamais que le produit net des immeubles dotaux.

SECTION III.

DE L'USUFRUIT CONSTITUÉ EN DOT.

Si un usufruit a été constitué en dot, le mari ou ses héritiers ne sont obligés, à la dissolution du mariage, que de restituer le droit d'usufruit, et non les fruits échus durant le mariage (art 1568.). Ainsi ce qui est à restituer, c'est le droit lui-même et non les fruits qu'il produit. Il en résulte que la constitution en dot d'un usufruit produit au mari les mêmes émoluments que la constitution en dot d'un droit de propriété; et nous avons vu (page 35) pourquoi il en est ainsi.

La question de l'usufruit constitué en dot présentait, en Droit romain d'assez graves difficultés, au point de vue de la restitution; nous allons voir si elles peuvent aussi se produire chez nous.

Le mari ayant la nue-propriété d'un fonds, la femme en a l'usufruit, et se constitue cet usufruit en dot : dans ce cas, dirons-nous, comme en Droit romain (L. 78. D. *de Jure dotium*) que le mari devient plein propriétaire, et que, par suite, il ne peut perdre l'usufruit par le non-usage? Nous ne pensons pas que les choses puissent se passer ainsi sous l'empire du Code Napoléon. Le mari a entre ses mains deux droits distincts, le droit de nue-propriété, et celui d'usufruit. Sans doute l'avantage qu'il retire de la réunion de ces deux droits équivaut bien, pour lui, à l'avantage qu'il retirerait du droit de pleine-propriété. Mais il y a cette différence entre les deux cas, c'est que, le mariage venant à se dissoudre par la mort du mari, les héritiers de celui-ci ne sont tenus, au premier cas, que de restituer purement et simplement le droit d'usufruit; tandis que, au second cas, ils seraient tenus de constituer à la femme un droit nouveau d'usufruit. Nous pensons, que cette différence entre le Droit français et le Droit romain, tient à ce que, en Droit romain, la femme qui constituait ainsi son usufruit en dot, en faisait l'objet d'une *cessio in jure* à son mari, qui lui transférait définitivement cet usufruit. Tandis que chez nous la constitution de dot n'étant accompagnée d'aucune autre solennité que celle du contrat de mariage, le mari acquiert bien l'usufruit, mais sous cette condition résolutoire que la femme ne lui survivra pas. Si la femme lui survit, la condition résolutoire est défaillie; par suite le mari est tenu de restituer. Si au contraire la femme prédécède, la condition résolutoire s'accomplit, et le mari gagne l'usufruit, qui vient ainsi s'ajouter à sa nue-propriété.

La femme a la propriété du fonds dont elle se constitue l'usufruit en dot: Nous avons vu (p. 40 et suiv.) que dans ce cas, il y avait, en droit romain, un véritable droit d'usufruit constitué en faveur du mari, et nous avons développé les conséquences qui en résultaient. Chez nous les choses se passent bien autrement. D'abord le mari ne perdra pas son usufruit par suite du non-usage, car n'étant pas maître absolu de cet usufruit, il ne lui appartient pas de le laisser perdre. Si donc la femme a, du consentement de son mari, aliéné la nue-propriété de l'immeuble dont l'usufruit est dotal, et si le mari reste trente ans sans user de cet usufruit, il n'en sera pas moins tenu à la dissolution du mariage, de le restituer à la femme; il n'y aura pas de consolidation au profit de l'acquéreur de la nue-propriété. Ensuite, au cas où le mariage se dissout par la mort de la femme, le mari ne conserve pas l'usufruit jusqu'à sa mort, parce que chez nous, on ne fait pas de distinction entre la dot profectice et la dot adventice; le mari doit toujours restituer.

Un étranger ou le père de la femme constitue en dot à celle-ci l'usufruit d'un fonds dont ils gardent la nue-propriété : Dans ce cas, en Droit romain comme en Droit français, le mariage venant à se dissoudre par la mort de la femme, l'usufruit fera retour au constituant. Mais en droit romain, quand la dissolution s'opérait par le divorce, comme le mari était maître absolu de l'usufruit et que l'usufruit était incessible, le mari consentait à sa femme une location ou une vente fictive de l'usufruit, *nummo uno.* Chez nous, quand la séparation de corps est obtenue, on n'est pas obligé de recourir à cet expédient, parce que le mari n'est pas maître absolu de l'usufruit, et qu'au surplus, le droit d'usufruit peut être vendu et même cédé à titre gratuit (art. 595, C. N.).

Si au lieu d'un usufruit, ce sont les fruits même d'un fonds qui sont constitués en dot, ces fruits devront être restitués. La dot, en effet, se compose dans ce cas, des annuités considérées comme capital; le mari aura droit alors, non pas aux fruits, mais aux intérêts de ces annuités.

SECTION IV.

DE LA DOT ESTIMÉE ET DE LA DOT NON ESTIMÉE. — DES RISQUES.

Nous avons déjà vu qu'en droit romain, quand les meubles dotaux avaient été estimés, l'estimation valait vente, sauf déclaration contraire. Le même principe est établi chez nous par l'art. 1551 ; de sorte que, dans ce cas, le mari devra restituer, non pas les meubles mêmes, mais le montant de leur estimation.

La même règle s'appliquait, en Droit romain, pour les immeubles comme pour les meubles : si bien que l'on ne considérait comme dotal que le fonds non estimé. *In fundo autem non æstimato, qui et dotalis proprie nuncupatur*[1]. Le Code Napoléon s'écarte en ce point du Droit romain : l'art. 1452 établit en effet que l'estimation donnée à l'immeuble dotal n'en transporte point la propriété au mari, à moins qu'il n'y ait une déclaration expresse. La raison de cette différence tient à ce que, en Droit romain, on considérait que les immeubles étaient susceptibles de se détériorer, et cette estimation mettait les détériorations à la charge du mari. Tandis qu'en Droit français on a été frappé du danger que courait la femme. Le mari devenant propriétaire par l'estimation pouvait aliéner l'immeuble et en dissiper ensuite le prix. La femme était ainsi privée de la garantie établie pour elle par la loi *Julia*.

L'estimation met donc les choses dotales à la charge du mari : les détériorations qui surviendront seront pour lui ;

---

[1] L. uniq., § 15, C. *de rei uxoriæ actione.*

mais, en revanche, il profitera des améliorations. Si au contraire les meubles dotaux ne sont pas estimés, les détériorations sont à la charge de la femme ; et s'ils ont dépéri par l'usage et sans la faute du mari, celui-ci ne sera tenu de rendre que ceux qui resteront et dans l'état où ils se trouveront (art. 1566, 1°). Il pourra même arriver que les objets dotaux périssent complétement ; alors si c'est par vétusté et non par la faute du mari, il n'y aura rien à rendre. D'un autre côté, si la femme a, parmi les choses estimées, certains objets de prédilection, tels que linge et hardes à son usage, elle pourra les retirer, sauf à déduire leur valeur actuelle du montant de l'estimation (art. 1566, 2°).

L'estimation, pour entraîner vente et mettre les risques à la charge du mari, doit être faite dans le contrat de mariage, ou dans un acte authentique qui interviendrait avant la célébration du mariage et avec les mêmes solennités que le contrat de mariage lui-même (art. 1306. C. N.). C'est qu'en effet, si l'estimation avait lieu après la célébration du mariage, elle changerait la situation des époux ; elle modifierait les conventions matrimoniales, ce qui, ne doit pas être (art. 1395). D'ailleurs la vente ne peut avoir lieu entre époux (art. 1505). En droit romain, au contraire, cette estimation pouvait se faire après le mariage ; pourvu qu'elle fût à juste prix [1].

Il y a des choses dotales dont le mari devient entièrement propriétaire, sans qu'il intervienne d'estimation : ce sont les choses fongibles. Le mari peut en disposer ; par suite, il n'est pas tenu de rendre précisément les choses

[1] L. 12, D. de Jure dotium.

qu'il a reçues. Mais, à la différence des meubles estimés dont le mari ne doit que l'estimation, il doit rendre ici des choses ayant même qualité et valeur, et en même quantité.

Si la dot comprend des obligations, des rentes sur l'État, des actions industrielles, ce ne sont pas là des choses fongibles, mais des droits incorporels dont la propriété reste à la femme. Il en résulte que les risques en sont supportés par elle. Si donc ces droits viennent à périr ou à souffrir des retranchements, sans qu'on puisse les imputer à la négligence du mari, celui-ci sera quitte en restituant à la femme les titres qui constatent ces créances (art. 1567).

SECTION V.

DES CLAUSES D'EMPLOI ET DE REMPLOI.

Nous dirons quelques mots seulement des clauses d'emploi et de remploi desquelles il résulte que le mari est tenu de restituer, à la dissolution du mariage, autre chose que ce qui a été constitué en dot.

Ces clauses, d'origine coutumière, ont ensuite été transportées dans le régime dotal, où elles ont été introduites par la coutume de Normandie (art. 540 et 541) et par la jurisprudence des Parlements [1]. Mais sous l'empire du Droit de Justinien, où l'aliénabilité conventionnelle du fonds dotal était inconnue, on ignorait aussi le remploi : on n'admettait que l'échange (*permutatio*) du fonds dotal.

Nous avons déjà dit qu'il pouvait y avoir *permutatio dotis ex pecuniâ in rem* ou *ex re in pecuniam*, et que cet

---

[1] Troplong, t. II, n° 1146.

échange pouvait avoir lieu même pendant le mariage , quand il était utile (l. 26. D. *de Jure dotium*). Cet échange peut aussi avoir lieu chez nous, mais sous les conditions prescrites par l'art. 1559).

Sous l'empire du Code Napoléon., où il est permis aux époux de stipuler que les biens dotaux sont aliénables (art. 1557), il fallait mettre, à côté de ce relâchement des principes, une garantie pour la femme. De là, la clause de remploi en vertu de laquelle le mari sera tenu de restituer l'immeuble acquis en remploi ; et , s'il n'y a pas eu de remploi , la femme pourra revendiquer l'immeuble aliéné contre le tiers-acquéreur. En effet, il n'a été permis au mari d'aliéner qu'à la condition de faire remploi ; il ne l'a pas fait, donc l'aliénation n'est pas valable. Dès lors on comprend qu'il importe beaucoup au tiers-acquéreur de surveiller le remploi ; mais le mari n'est tenu au remploi que s'il y a une clause spéciale à cet égard dans le contrat de mariage. Si la permission d'aliéner est accordée purement et simplement, le mari sera tenu de restituer l'immeuble s'il existe encore entre ses mains, ou bien le prix qu'il en aura retiré.

Outre la clause de remploi qui s'applique au cas où l'immeuble dotal a été aliéné , la femme peut encore stipuler dans le contrat de mariage une clause d'emploi. En vertu de cette clause , l'immeuble acquis des deniers dotaux sera dotal ; -- seulement cette clause peut être formulée de telle sorte que dans certains cas le mari soit tenu d'employer la dot mobilière en acquisitions d'immeubles. Dans d'autres cas, au contraire, il a la faculté d'acheter ou de ne pas acheter des immeubles ; mais s'il en achète, il devra déclarer que c'est en emploi.

5

Enfin la clause d'emploi rend dotal l'immeuble donné en payement d'une dot constituée en argent.

Quand il n'y a pas de clause d'emploi, cet immeuble devient la propriété du mari qui alors n'est tenu de restituer que de l'argent. Dans ce cas aussi, l'immeuble acquis des deniers dotaux ne devient pas dotal : il deviendra, suivant les cas, la propriété du mari ou de la femme. Il pourra même devenir entre eux l'objet d'une petite société, lorsqu'il aura été acquis tant pour le mari que pour la femme, — ou par eux deux conjointement [1].

SECTION VI.

DES DÉPENSES FAITES A L'OCCASION DE LA DOT.

Les dépenses nécessaires, c'est-à-dire, celles qu'il était indispensable de faire pour empêcher la dot de périr, peuvent être retenues sur la dot. Ces dépenses en effet diminuent la dot de plein droit, comme le dit Ulpien (l. 5. D. *de impensis in rex dotales factis*). Chez nous, ce droit de rétention s'explique d'ailleurs facilement : si l'on considère en effet que le mari peut vendre le fonds dotal avec l'autorisation de justice, pour pourvoir à ces dépenses (art. 1558), on trouvera tout naturel et fort juste que, lors de la restitution de la dot, il retienne une portion de cet immeuble équivalente à la somme qu'il a avancée pour sa conservation. Le mari en un mot doit être la première personne qui profitera de l'exception à l'aliénabilité du fonds dotal résultant des dépenses conservatoires.

Qu'arrivera-t-il si ces dépenses nécessaires atteignent la

---

[1] Troplong , t. IV, n° 3100,

valeur du fond dotal? Dira-t-on, comme en Droit romain, que l'immeuble cessera d'être dotal, mais que la femme pourra le rendre dotal en remboursant les dépenses dans l'année (*Voir* p. 50 et 51). Non, quand même ces dépenses atteindraient et dépasseraient la valeur de l'immeuble, celui-ci ne cesse pas de plein droit d'être dotal. Il ne cessera de l'être que s'il a été valablement aliéné. C'est encore là une conséquence du principe de l'immutabilité des conventions matrimoniales.

Si au lieu de dépenses nécessaires, il s'agit de dépenses simplement utiles, ou de dépenses d'améliorations, le mari est bien créancier pour la plus-value qu'il a donnée à l'immeuble; mais il n'a pas pour cela de droit de rétention. C'est ainsi que le décidait Ulpien, et Justinien, suit son avis[1]. Chez nous il y a une fort bonne raison pour se décider aussi dans ce sens : c'est que le droit de rétention fait brèche à l'inaliénabilité de l'immeuble dotal. Or l'art. 1558 qui permet l'aliénation pour les dépenses nécessaires à la conservation, ne la permet pas pour les simples dépenses d'amélioration. Nous devons en conclure que, dans ce dernier cas, le mari ne peut pas faire de retenue sur le fonds dotal; il devra le restituer en entier. Seulement, comme la femme ne doit pas s'enrichir injustement aux dépens d'autrui, il faut reconnaître au mari ou à ses héritiers ou même à ses créanciers, en vertu de l'art. 1100, le droit d'intenter contre la femme une action en remboursement. Mais si la femme n'a pas d'autre bien que l'immeuble dotal sur lequel il a été fait de grandes dépenses d'améliorations,

[1] L. 7, § 1, D. de imp. in rei dot. fact. et L. uniq., § 5, C. de rei uxoriæ act.

que décider? Dans ce cas, pour respecter à la fois les droits de la femme et ceux du mari ou de ses représentants, on accordera au mari le droit d'enlever les constructions et les autres améliorations qu'il avait faites. Si ces améliorations sont devenues inséparables de l'héritage, il faudra alors recourir à un expédient qui est indiqué par MM. Rodière et Pont (T. II, n° 619, p. 404). Il consiste à laisser prendre annuellement au mari et jusqu'à parfait payement la portion de fruits qui surpasse le revenu produit par le fonds, déduction faite des améliorations.

CHAPITRE II.

DES GARANTIES ACCORDÉES A LA FEMME MARIÉE SOUS LE RÉGIME DOTAL POUR LA RESTITUTION DE SA DOT.

Il serait arrivé, si le législateur n'avait pas pris des mesures à cet égard, que le mari ayant dissipé follement la dot de sa femme se serait trouvé dans l'impossibilité de restituer. De là les garanties nombreuses qui sont accordées à la femme pour la restitution de sa dot. Ces garanties consistent: dans la restriction des pouvoirs du mari sur les biens dotaux ; dans l'imprescriptibilité du fonds dotal ; dans l'hypothèque légale qui grève les biens du mari ; dans le mode particulier de purger cette hypothèque quand les biens hypothéqués ont été aliénés; dans la faculté qui est accordée à la femme de demander la séparation de biens ; enfin dans certaines clauses particulières que les époux peuvent insérer dans leur contrat de mariage, les clauses d'emploi et de remploi, et la stipulation que le mari fournira une caution pour la réception de la dot.

SECTION PREMIÈRE.

POUVOIRS LIMITÉS DU MARI SUR LES BIENS DOTAUX.

—

§ 1. — *Nature des pouvoirs du mari.*

Dans le très-ancien Droit romain, c'est-à-dire avant l'apparition de la loi Julia, le mari avait sur la dot les pouvoirs les plus étendus : il pouvait l'aliéner sans jamais être tenu de restituer, il était véritablement *dominus dotis.* Mais quand le mari fut obligé de restituer la dot, quand la loi Julia vint lui défendre d'aliéner le fonds dotal sans le consentement de sa femme, il cessa d'être propriétaire absolu de la dot. Il partagea alors son ancien droit de propriété avec la femme : celle-ci eut la propriété naturelle, et son mari la propriété civile. C'est là ce que décide Justinien [1] ; et Doneau, cherchant à expliquer quel est le pouvoir du mari sur la dot, dit : *Maritus, constante matrimonio, dominus est dotis jure civili. Mulier domina existimatur naturâ* [2]. Les deux époux sont propriétaires, mais leurs domaines ne sont pas de même nature et c'est pour cela qu'ils peuvent coexister. Sous l'empire de notre ancienne jurisprudence, la plupart des auteurs admettaient cette distinction [3].

---

[1] L. 30. C. *De Jure dotium.*

[2] Doneau, liv. 9. Comm. 10, n° 23.

[3] Dumoulin, sur Paris, t. XII, *des Douaires, préface.* — Pothier, *Prescription,* n° 68 et *Puissance du mari,* n° 8. — Despeisses, t. I, p. 473, n° 1. — Roussilhe, t. I, p. 10. — Legrand, sur Troyes, t. VII, art. 136. — Favre, Code, 4, 22, 6, note 8.

Existe-t-elle encore chez nous, sous l'empire du Code Napoléon? Nous ne craignons pas de l'affirmer, bien que l'art. 1549 donne au mari le titre d'administrateur et non celui de propriétaire. Le mari en effet a des pouvoirs plus larges qu'un simple administrateur : il peut revendiquer la chose dotale, il a le droit d'en jouir; il a même, suivant l'opinion d'un grand nombre de jurisconsultes, le droit de disposer des choses mobilières. Il a aussi beaucoup de droits qui manquent à l'usufruitier : il est dispensé de donner caution, il peut exercer sur la dot un droit de rétention jusqu'à concurrence du montant des dépenses nécessaires, il acquiert jour par jour aussi bien les fruits naturels que les fruits civils. Ainsi le mari est plus qu'un administrateur et plus qu'un usufruitier : on peut dire qu'il est propriétaire de la dot, mais il faut se hâter d'ajouter que son droit est limité par celui de la femme. Il a, dit M. Troplong [1], un domaine certain, quoique irrégulier et incomplet; et nier cette vérité traditionnelle, c'est se créer des difficultés sans nombre.

Tel est le pouvoir qu'a le mari sur les biens dotaux. Mais on conçoit que nous ne puissions pas ici entrer dans les détails et examiner l'un après l'autre chacun des droits qu'il acquiert à l'occasion des biens dotaux. Nous examinerons seulement quelles restrictions le législateur a cru devoir apporter aux pouvoirs du mari pour garantir à la femme la restitution de sa dot.

§ II. — *Des pouvoirs du mari sur les immeubles dotaux.*

Les immeubles dotaux sont inaliénables (art. 1554). Cette

[1] Troplong, t. IV, n° 3104.

inaliénabilité a son origine dans la loi *Julia*, et elle fut introduite pour fournir aux veuves le moyen de trouver un nouvel époux : *interest reipublicæ mulieres dotes salvas habere propter quas nubere possint.* Chez nous, les seconds mariages ne sont pas favorisés par le législateur : aussi l'inaliénabilité des fonds dotaux n'a-t-elle pas ce même but. Elle a pour objet de protéger la femme contre sa propre faiblesse et contre la séduction de son mari en enlevant à celui-ci la faculté d'aliéner ces biens, même avec le consentement de la femme. Ainsi le mari seul ne peut pas aliéner le fonds dotal, parce qu'il n'est pas propriétaire absolu ; la femme seule ne peut pas aliéner à cause de son incapacité (art. 217 et 219) ; enfin la femme autorisée de son mari ou de justice ne peut pas aliéner, à cause de la dotalité. Sous les autres régimes, en effet, la femme peut être relevée de son incapacité, soit par le mari, soit par justice ; mais sous le régime dotal elle n'en peut être relevée que dans des cas spéciaux déterminés par la loi (art. 1555 à 1559).

Déjà c'est une garantie pour la femme que de poser en principe l'inaliénabilité du fonds dotal ; car si, ce principe n'empêche pas complétement les aliénations, il sera cause du moins que le nombre en diminuera sensiblement, à raison des difficultés qui pourraient surgir à cette occasion. Mais il pourrait arriver, malgré cette prohibition, que les époux aient aliéné le fonds dotal en dehors des cas prévus par la loi : c'est pour cela que le législateur a établi dans l'art. 1560 une sanction à la prohibition d'aliéner. « La femme ou ses héritiers pourront faire révoquer l'aliénation après la dissolution du mariage, sans qu'on puisse leur opposer aucune prescription pendant sa durée : la

femme aura le même droit après la séparation de biens. »
Ainsi la femme a une action contre le tiers acquéreur après
la dissolution du mariage, par suite du prédécès du mari,
ou même pendant le mariage, quand elle a obtenu contre
lui la séparation de biens; et les héritiers de la femme ont
une action quand la femme est décédée avant son mari.
Cette action, comme le dit l'art. 1560, est une action en
révocation ou en nullité. En effet la vente d'un fonds qui
était déclaré inaliénable doit être nulle, et Papinien dit à
ce sujet : « *Cum vir prædium dotale vendidit scienti vel
ignoranti rem dotis esse, venditio non valet* [1]. » Aussi Cujas,
commentant ce texte, dit-il que cette vente *ab initio non
valuit ipso jure*. La nullité de cette vente a donc lieu de
plein droit, ce qui ne veut pas dire qu'elle n'aura pas
besoin d'être prononcée en justice. — Mais cela signifie que
le demandeur en nullité ne sera tenu de fournir aucune
autre espèce de preuve que celle de la dotalité de l'immeuble.
Toutefois si cette nullité a lieu *ipso jure*, il ne faut pas
croire que ce soit une nullité absolue, que tout le monde
puisse invoquer et qui soit incapable d'être couverte par
une prescription. Chez nous surtout, où l'inaliénabilité du
fonds dotal est établie dans un but d'intérêt privé plutôt
que d'intérêt public, il ne peut appartenir qu'à la famille
de décider s'il convient de poursuivre l'annulation. Le
tiers acquéreur ne peut pas agir en révocation de la vente,
parce que, s'il a été de mauvaise foi, il ne peut se faire un
titre de sa turpitude; et s'il a été de bonne foi, il se trouve
lié par l'acte de vente qui pourra, dans un avenir plus ou
moins éloigné, devenir inattaquable. Il se pourra faire en

---

[1] L. 42, D. *de usurpat. et usucap.*

effet qu'à la dissolution du mariage , la femme ou ses héritiers ratifient l'acte de vente. Ou bien encore , il pourrait arriver que dix ans s'écoulent à partir de la dissolution du mariage sans qu'il ait été exercé de poursuites; alors l'action en nullité sera prescrite (art. 1304) et l'acquéreur sera à l'abri de tout? atteinte. Cette prescription peut avoir lieu parce que l'art. 1560 ne suspend la prescription que pendant la durée du mariage. D'ailleurs le texte même de l'article 1560, 2°, prouve bien clairement que le tiers acquéreur de bonne foi ne peut pas agir en révocation de la vente. Ce texte, en effet, prévoyant le cas où le mari n'a pas déclaré, dans l'acte de vente, que le bien vendu était dotal, dit que le tiers évincé aura droit à des dommages-intérêts. Ce n'est donc pas une action en révocation qui compète à ce tiers acquéreur, mais une action en dommages-intérêts.

Nous pensons donc que la nullité de la vente du fonds dotal est purement relative, et cela résulte encore plus clairement des travaux préparatoires du Code. Le projet portait, dans son art. 169, que *l'aliénation sera radicalement nulle*[1]. M. Portalis dit : « Il est permis à tous de faire valoir ces sortes de nullité » ; et M. Malleville ajouta : « Lorsqu'un acte est ainsi qualifié par la loi, il est comme s'il n'existait pas, et ne peut être opposé à personne. » L'art. 169 fut donc adopté par le Conseil d'État ; mais au Tribunat[2], on fit observer que ces mots : « l'aliénation sera radicalement nulle », n'ajoutaient rien à la nullité légale, et que des difficultés pourraient naître sur leur interprétation. Aussi ces mots furent-ils retranchés, et on écarta ainsi l'idée d'une vente radicalement nulle.

---

[1] Art. 169, Fenet, t. XIII, p. 590 et 597-598.
[2] Fenet, t. XIII, p. 619.

Bien que la nullité soit purement relative, bien que le mari vendeur du fonds dotal ait nécessairement été de mauvaise foi, il pourra pourtant agir pendant le mariage en révocation de l'aliénation. Mais pour qu'il ait ce droit, il a fallu que l'art. 1560 le lui conférât expressément, et c'est là encore une autre circonstance qui prouve que la nullité dont nous parlons est bien véritablement relative. On s'explique d'ailleurs facilement l'exception introduite en faveur du mari; il pourra agir non pas en qualité de vendeur, mais en qualité de chef de la famille, de sorte que, à la dissolution du mariage, ou même simplement après la séparation de biens, il ne sera plus recevable dans son action, parce que son administration aura pris fin. Mais il pourra arriver que le mari sera tenu à des dommages-intérêts envers l'acheteur : en lui vendant le fonds dotal il exposait celui-ci à une éviction, il devait donc l'en prévenir en déclarant, dans le contrat, que le bien vendu était dotal; et s'il ne l'a pas fait, il est juste qu'il lui procure un dédommagement. Si l'acquéreur savait que le bien était dotal, et si le mari n'a pas déclaré la dotalité dans l'acte de vente, ce dernier sera-t-il encore tenu de payer des dommages-intérêts ? L'affirmative semble bien résulter du texte de l'art. 1560 et aussi de la discussion qui s'est élevée à ce sujet au Tribunal[1]. Tel est l'avis de M. Tessier[2]. Mais M. Troplong suit l'opinion contraire[3] : il pense que le texte de l'art. 1560 n'est pas limitatif, et il tire un argument *à simili* de l'article 1626. D'après cet article, le vendeur est tenu, de droit, de garantir l'acheteur des charges prétendues sur l'immeu-

---

[1] Fenet, t. xiii, p. 591 et 619.
[2] Tessier, t. ii, note 698.
[3] Troplong, t. iv, n° 3535.

ble, et *non déclarées lors de la vente;* et pourtant il est de jurisprudence que le vendeur n'est pas tenu à garantie du moment que l'acheteur a connu les charges, par un moyen quelconque, lors de la vente. On se demande alors pourquoi le mot *déclaré* serait plus sacramentel et plus limitatif dans l'art. 1560 que dans l'art. 1626.

Mais si le mari n'est pas toujours tenu à des dommages-intérêts, il faut dire qu'il est au contraire toujours tenu de restituer à l'acheteur le prix de l'immeuble. Il sera responsable de ce prix, même au cas où il n'aura fait qu'intervenir au contrat pour autoriser sa femme, parce qu'il est censé avoir poussé la femme à la vente et n'avoir donné son autorisation que dans le but de toucher le prix.

L'acquéreur, dans tous les cas, devra restituer immédiatement. Il n'a aucun droit de rétention ni pour le prix, ni, par suite des dépenses nécessaires ou utiles qu'il aurait faites sur l'immeuble.

Il est donc bien certain que les époux ne peuvent vendre le fonds dotal. Pourront-ils le donner? Pas davantage; car donner, c'est aliéner. Pourtant, si la donation était faite pour l'établissement des enfants communs, elle serait valable (art. 1556). Nous pensons, bien que cela soit contesté, que la femme peut aussi faire valablement une institution contractuelle de ses biens dotaux. Cet acte, en effet, ne prive la femme d'aucun des avantages de sa dot; elle en jouit jusqu'à sa mort; elle n'en enlève pas la possession à son mari; si elle devient veuve, elle trouvera facilement à se remarier; et enfin, s'il lui survient des enfants, cette survenance révoquera l'institution contractuelle. Il n'y a donc aucun motif pour interdire cet acte à la femme. Il n'y en a pas davantage pour lui défendre de faire à son mari, pendant le mariage, une donation entre-vifs de l'immeuble dotal. Cette donation, en effet, est révocable et subordonnée au prédécès de la femme.

La prohibition d'aliéner entraîne celle d'hypothéquer, parce que l'hypothèque conduit à l'aliénation. L'art. 1554, d'ailleurs, ne laisse pas de doute à cet égard, et on n'a pas oublié que la loi *Julia* se montrait plus sévère pour l'hypothèque que pour l'aliénation.

Ajoutons aussi que l'immeuble dotal ne saurait être grevé de droits d'usufruit, d'usage, d'emphythéose, enfin de servitudes quelconques, à l'exception pourtant des servitudes légales [1].

§ III. — *Des pouvoirs du mari sur les meubles dotaux.*

Pour déterminer d'une manière précise les pouvoirs du mari sur les meubles dotaux corporels, il faut faire une distinction.

Lorsqu'il s'agit de choses fongibles ou de choses non fongibles, mais estimées sans déclaration que l'estimation n'en vaut pas vente, le mari peut en disposer librement comme de sa propre chose. Il n'y a pas de controverse sur ce point (art. 1551 et 1565, C. N.). C'est qu'en effet le mari est devenu propriétaire de ces choses : sans doute il n'est pas propriétaire absolu, car à la dissolution du mariage, il sera tenu de restituer; mais il est devenu propriétaire en ce sens qu'il peut aliéner à la charge de restituer des choses de même qualité et valeur.

S'agit-il au contraire de meubles qui ne sont pas fongibles ni estimés : le mari n'en acquiert pas la propriété,

___

[1] M. Odier, t. iii, n° 1247.

et alors on se demande s'il peut les aliéner. Pas de doute qu'il le puisse dans les limites d'une bonne administration, car le pouvoir d'administrer un patrimoine emporte le pouvoir d'aliéner dans une certaine mesure les meubles qui le composent. Mais si l'aliénation n'a pas les caractères d'un acte d'administration, que décider? Sur ce point la doctrine et la jurisprudence sont loin d'être d'accord. La Cour de Cassation et les Cours Impériales proclament le principe de l'inaliénabilité de la dot mobilière. Presque tous les auteurs au contraire soutiennent qu'elle est aliénable. Ils invoquent pour appuyer leur système :

1° La loi Julia qui ne prohibait que l'aliénation des immeubles ;

2° Les formules restrictives employées par le législateur : *les immeubles constitués en dot ne peuvent être aliénés* (art. 1154) — *de l'inaliénabilité du fonds dotal* (rubrique de la section II) ;

3° Ces considérations: que l'inaliénabilité est contraire à l'intérêt général du commerce, surtout quand elle porte sur des meubles ;

4° Que le principe d'inaliénabilité des immeubles n'a été admis qu'avec répugnance, et après de longues hésitations;

5° Que les articles 1557, 1558, 1559 qui dérogent à ce principe, ne parlent toujours que des immeubles dotaux;

6° Que l'article 1561 qui établit le principe d'imprescriptibilité comme une conséquence de l'inaliénabilité, ne parle aussi que des immeubles dotaux.

La Cour de Cassation de son côté, s'appuie sur les raisons suivantes :

1° Les articles 1555 et 1556 qui établissent des exceptions à la règle de l'inaliénabilité, parlent des *biens dotaux*, expression générale qui comprend tout à la fois les meubles et les immeubles. On en conclut qu'en principe, les biens dotaux, tant meubles qu'immeubles, sont inaliénables.

Mais qui ne voit que ces art. 1555 et 1556 contiennent des exceptions à la règle posée dans l'art. 1554, de sorte que ces mots . *biens dotaux*, signifient *immeubles dotaux* ? Autrement ces articles seraient non plus d'exception, mais introductifs d'une règle nouvelle, et il n'est pas possible que le législateur ait ainsi dissimulé l'introduction du principe de l'inaliénabilité des meubles dotaux.

2º L'ancien droit français suivait la règle de l'inaliénabilité de la dot mobilière, et il n'est pas probable que le code ait voulu modifier l'ancien état de chose.

, On répond que la preuve qu'il l'a changé c'est qu'il ne parle que des immeubles dotaux — et que d'ailleurs, dans l'ancienne jurisprudence elle-même, la question de l'inaliénabilité des meubles dotaux était vivement controversée [1].

3º Les femmes dont la dot est purement mobilière courraient de grands dangers si leur dot était aliénable. — Nous ne pouvons nier que la dot de la femme sera quelquefois fort exposée. Mais cela prouverait tout au plus l'existence, dans la loi, d'une lacune, qu'il serait peut-être utile de combler. Nous ne sommes pas ici en présence d'une question de législation, mais bien d'une question judiciaire. Il ne s'agit pas de savoir si la loi est bien ou mal faite, mais bien de rechercher ce qu'elle contient, et de l'appliquer telle qu'elle nous

---

[1] Troplong, t. IV, nᵒˢ 3219 et suivants,

est donnée. Enfin ne voyons-nous pas partout dans nos lois, la fortune mobilière moins bien protégée que la fortune immobilière, par suite de cette idée: *vilis mobilium possessio?* Nous eussions même été surpris si le Code n'avait pas établi de différence entre la dot mobilière et la dot immobilière.

Nous ne pensons donc pas, en présence des textes si précis de notre Code, qu'il soit sérieusement possible, au point de vue de la doctrine, de contester l'aliénabilité des meubles dotaux.

Mais si la Cour de cassation s'est prononcée pour l'inaliénabilité de la dot mobilière, il ne faudrait pourtant pas croire qu'elle en prohibe l'aliénation d'une façon absolue. Cette Cour qui, depuis 1810, ne cessait de proclamer que l'inaliénabilité est de l'essence de la dot, n'a pu se décider à déclarer que la dot mobilière était *indisponible* et inaliénable dans les mains du mari. « C'eût été arrêter tout
» mouvement d'affaires pendant le mariage; c'eût été
» gêner le commerce des meubles et tromper la confiance
» des tiers [1]. » Aussi a-t-elle dit dans les considérants d'un arrêt rendu sur le rapport de M. Delangle, le 12 août 1846 [2] : « Le mari, administrateur des biens dotaux, doit
» pouvoir en disposer lorsqu'aucune condition d'emploi n'a
» été stipulée. Si, d'après les dispositions du Code civil
» sur le régime dotal, la dot mobilière est inaliénable
» comme la dot immobilière, il s'ensuit seulement que la
» femme, même autorisée par son mari, ne peut aliéner,
» ni directement ni indirectement, les droits qui lui sont
» assurés par la loi pour la conservation de sa dot; que

[1] Troplong, t. iv, n° 3226.
[2] Dalloz, 46, 1, 296-297.

» ces droits, quant à la dot mobilière, lorsque le mari a
» usé de la faculté d'en disposer, consistent dans un
» recours contre le mari, recours garanti par l'hypothè-
» que légale, et auquel la femme, pendant le mariage,
» ne peut renoncer. »

Voilà pour le mari : il peut aliéner la dot mobilière pendant le mariage, sans même qu'il lui soit nécessaire de
prendre le consentement de sa femme. Il semblerait résulter
de là, que le mari pourrait valablement autoriser la femme
à aliéner un bien qui, en définitive, lui appartient encore
plus qu'à lui. La Cour de Cassation pourtant décide le
contraire [1] et elle s'appuie sur ce que les meubles dotaux
appartenant au mari, la femme ne peut les aliéner.
D'abord il n'est pas vrai que les meubles dotaux appartiennent d'une façon absolue au mari, et cela serait-il,
que ce serait encore une raison insuffisante pour déclarer
nuls les actes que la femme a faits relativement à ces
biens, avec l'autorisation et le concours de son mari :
« C'est en effet le droit du mari, qui seul, fait obstacle
au droit de la femme. Or, si cet obstacle est levé, comment donc le droit de la femme serait-il paralysé [?] »

Quoiqu'il en soit, nous pouvons résumer ainsi la jurisprudence de la Cour de Cassation : Le mari peut librement disposer de la dot mobilière ; mais la femme ne peut
l'aliéner ni directement ni indirectement, même avec l'autorisation de son mari.

Quelques mots seulement sur l'aliénation des fruits des
biens dotaux. Ces fruits sont des meubles; et par suite, il

---

[1] Arrêt du 1er février 1819. Dalloz, v° *Contrat de mariage*, p. 349.
Arrêt du 2 janvier 1837. (Devill. 37, 1, 98).

[•] Troplong, t. IV, n° 3255.

n'y a pas de doute qu'ils puissent être aliénés en totalité , lorsqu'on admet en principe que la dot mobilière est aliénable. Bien plus , la Cour de cassation elle-même, qui accorde au mari le droit d'aliéner les meubles dotaux, devrait, pour être logique, lui accorder aussi le droit de disposer librement des fruits de la dot. Il n'en est rien pourtant , et on juge tous les jours que les revenus appartiennent au ménage , qu'ils ne peuvent être engagés que pour les affaires du ménage , et que, en conséquence, c'est seulement quand ils sont assez considérables pour laisser un excédant sur les besoins de la famille que le surplus est libre et pleinement disponible entre les mains du mari [1]. Étrange jurisprudence, qui fait ainsi une distinction sans fondement entre les meubles dotaux proprement dits , et les meubles dotaux qui sont le produit de la dot elle-même.

Pour la femme , on conçoit qu'elle ne puisse pas, pendant le mariage , aliéner les fruits de la dot, parce qu'elle n'a aucun droit sur ces fruits. Mais supposez qu'elle ait contracté une obligation pendant son mariage ; si ensuite elle se sépare de son mari , le créancier pourra-t-il saisir entre ses mains les revenus des biens dotaux échus depuis la séparation de biens ? La Cour de cassation [2] a décidé que ces revenus participaient de l'inaliénabilité des biens dotaux, même pour la partie excédant les besoins du ménage. Car l'obligation de la femme est antérieure à la séparation, et à cette époque elle ne pouvait nullement engager les fruits qui appartenaient exclusivement au mari. La Cour de

---

[1] Arrêt de Cassation du 3 juin 1839. — Devill., 39, 1, 583. — *Id.* du 26 février 1834. — Devill., 34, 1, 176.

[2] Arrêts du 11 février 1848 et du 4 novembre 1846.

cassation, dans ces arrêts, a tout simplement oublié la règle
de l'art. 2092, d'après laquelle, quiconque s'est obligé personnellement, est tenu de remplir son engagement sur tous
ses biens mobiliers et immobiliers, présents et à venir.

Si la femme s'est engagée depuis sa séparation de biens,
ses créanciers ne peuvent saisir les fruits échus depuis la
séparation, qu'autant qu'il y a du superflu, et ils ne peuvent saisir que ce superflu [1]. La Cour de cassation, pour
être logique, ne pouvait pas décider autrement. La femme,
en effet, ne fait que succéder au pouvoir du mari ; elle n'a
pas plus de droits que lui.

Ce que nous avons dit des meubles dotaux corporels
doit aussi s'appliquer aux meubles dotaux incorporels,
aux créances dotales. Ainsi, d'après la doctrine, le mari
seul, ou même la femme autorisée de son mari, peut aliéner
une créance dotale. D'après la Cour de cassation, le mari
seul pourra bien en disposer (et c'est même dans une
espèce de cette nature qu'est intervenu l'arrêt précité du
12 août 1846) ; mais la femme ne le pourra pas même avec
l'autorisation de son mari.

SECTION II.

DE L'IMPRESCRIPTIBILITÉ DU FONDS DOTAL.

Non-seulement le fonds dotal est inaliénable, non-seulement l'aliénation qui en a été consentie peut être révoquée,
mais encore ce fonds est imprescriptible dans les mains du
tiers acquéreur. C'est là une nouvelle garantie accordée à

___

[1] Cassation, 4 novembre 1846 —Devill., 47, 1, 201.—Pont et Rodière,
t. II, nº 488.

la femme pour la restitution de sa dot, et cette garantie est la conséquence nécessaire de l'inaliénabilité de l'immeuble dotal. A quoi, en effet, aurait servi cette inaliénabilité si l'immeuble ayant été aliéné malgré la défense de la loi, le tiers détenteur avait pu l'acquérir par la prescription? Mais il n'y a d'imprescriptibles que les immeubles dotaux inaliénables (art 1561). Par conséquent si les immeubles dotaux ont été déclarés aliénables par le contrat de mariage, ils pourront être prescrits.

Toutefois la règle de l'imprescriptibilité du fonds dotal pendant le mariage souffre deux remarquables exceptions. La première a lieu à l'égard de l'immeuble dont la prescription a commencé à courir au profit d'un tiers, avant le mariage (art. 1561). Au Conseil d'État, cette disposition fut attaquée en ce qu'elle donnait cours pendant le le mariage, à la prescription commencée auparavant. M. Tronchet opinait pour l'imprescriptibilité absolue. Tout au plus, disait-il, peut-on déclarer la prescription suspendue pendant le mariage, comme dans le cas de la minorité. Mais M. Treilhard fit observer que cette suspension aurait des effets extraordinaires; que si, par exemple, la prescription avait commencé trois ans avant le mariage, et si le mariage avait duré cinquante ans, il en résulterait qu'elle ne s'accomplirait que vingt-sept ans après la dissolution, et qu'ainsi l'action aurait duré quatre-vingts ans. — Mais si la prescription court ainsi pendant le mariage, il est du devoir du mari de l'interrompre; et s'il ne l'interrompt pas, il en sera responsable envers sa femme (art. 1562 et 2254), à moins qu'il ne prouve qu'il n'y a pas eu de négligence de sa part.

La seconde exception a lieu quand la séparation de biens

est prononcée pendant le mariage (art. 1561., 2º). Dans ce cas, l'immeuble dotal, été qui a possédé par un tiers pendant le mariage, deviendra prescriptible entre ses mains, non pas à compter du jour de son entrée en possession, mais à partir du jour où la séparation de biens a été prononcée. Tel est le sens de ces mots : *quelle que soit l'époque à laquelle la prescription a commencé.* Nous pensons aussi, bien que cela soit vivement controversé, que la séparation de biens lève l'obstacle de l'imprescriptibilité dans tous les cas, que le tiers détenteur ait ou non traité directement avec les époux [1]. Ainsi nous aurons l'exemple d'un immeuble inaliénable, et qui sera pourtant prescriptible. Mais il y aura des cas où la prescription courra contre la femme, même séparée, non pas à partir de la séparation, mais à partir de la dissolution du mariage. C'est lorsque l'action sera de nature à réfléchir contre le mari (art. 2256 2º). Dans ces cas, la loi prend en considération la situation de la femme : celle-ci en effet se trouve dans l'impuissance morale d'agir, car elle craindra toujours de faire rejaillir sur son mari des recours ruineux.

Quand la prescription est possible, pendant combien de temps dure l'action en nullité de la vente ou l'action en délaissement du bien dotal; autrement dit : par quel délai le tiers détenteur peut-il prescrire? Il est nécessaire d'établir quelques distinctions : — 1º Si le mari a vendu seul l'immeuble dotal, il a disposé de la chose d'autrui, en dehors de ses pouvoirs; par conséquent la vente n'est pas seulement infectée d'un vice de capacité, mais d'un défaut absolu de capacité, d'où il résulte qu'elle est radicalement nulle (art. 1599). Dans ce cas, ce n'est pas une simple action en

---

[1] Troplong, t. IV, nº 3575 et suivants.

nullité qu'a la femme, mais bien une véritable action en re-
revendication, et cette action dure trente ans si l'acheteur est
de mauvaise foi, et dix ou vingt ans s'il est de bonne foi. Mais
dans les deux cas, la prescription ne courra pas pendant le
mariage, lors même que la séparation de biens serait inter-
venue, car c'est ici une de ces circonstances dont nous
parlions il n'y a qu'un instant, où l'action que la femme
intenterait contre le tiers, réfléchirait contre son mari; à la
puissance duquel ne la soustrait pas la séparation de biens.

2º Si la femme a figuré dans le contrat d'aliénation,
sans l'autorisation de son mari, elle a une action en nullité fondée sur deux causes : d'abord sur l'inaliénabilité du
fonds dotal, et en outre sur son incapacité établie par
l'art. 217 C. N., et ces deux causes de nullité tombent
sous l'application de l'art. 1304. La femme, dans ce cas,
a donc une action en nullité qui dure dix ans, à partir de
la dissolution du mariage.

3º Lorsque le mari et la femme vendent conjointement
le fonds dotal, ou lorsque la femme figure seule dans
l'acte de vente, mais avec l'autorisation de son mari, c'est
encore là un cas d'action en nullité, et non pas d'action en
revendication. La femme, en effet, a bien vendu sa propre
chose; elle était même dûment autorisée pour cela; seulement la chose qu'elle a vendue était inaliénable. Cette
action se prescrira conformément à l'art. 1304.

4º Lorsqu'un tiers s'empare de l'immeuble dotal, il prescrira par dix, vingt ou trente ans; mais la prescription
ne commencera à courir contre la femme qu'à partir de la
séparation de biens.

Les meubles dotaux sont-ils imprescriptibles comme les
immeubles ? Dans le système de la doctrine qui reconnaît

les meubles dotaux aliénables, il n'est pas douteux qu'ils soient en même temps prescriptibles. Reconnaître l'imprescriptibilité des meubles dotaux, ce serait, dit M. Troplong, « soumettre les possesseurs de meubles à des recours sans » fin, empêcher des libérations favorables et tenir en échec » la propriété mobilière, qui a besoin de tant de liberté » et de mouvement[1]. » Mais pour la jurisprudence qui assimile en partie la dot mobilière à la dot immobilière sous le rapport de l'inaliénabilité, il lui serait difficile de ne pas les assimiler aussi sous le rapport de l'imprescriptibilité[2]. Toutefois, lorsqu'il s'agit, non plus de la prescription acquisitive dont s'occupe proprement l'art. 1561, mais bien de la prescription, libératoire, on s'accorde à reconnaître qu'elle est applicable aux créances ou rentes dotales. Cette prescription, en effet, est basée sur une présomption de payement par le débiteur, plutôt que sur une présomption de remise de la part du créancier. Le débiteur, au bout de trente années, ne pourra donc plus être recherché par le mari qui sera présumé avoir reçu la dot.

SECTION III.

DE L'HYPOTHÈQUE LÉGALE DE LA FEMME DOTALE SUR LES BIENS DU MARI.

La créance que la femme a contre son mari pour la restitution de sa dot est garantie par une hypothèque légale. Cette sûreté tire son origine du Droit romain. Pourtant, en Droit romain, et dans le principe, la femme n'avait pas d'hypothèque, mais un *privilegium inter personales actiones*

---

[1] Troplong, t. iv, n° 3560.
[2] Pont et Rodière, t. ii, n° 608.

en vertu duquel elle primait les créanciers simplement chirographaires , mais non les créanciers hypothécaires. Justinien modifia cet ancien état de choses et remplaça le simple privilége par une hypothèque tacite privilégiée. De cette façon, la créance de la femme passa avant les créances hypothécaires, même antérieures au mariage, ainsi que cela résulte de la loi *Assiduis*[1]. — Dans notre ancienne juris-prudence, l'hypothèque légale ne naissait qu'autant qu'il n'avait pas été fait de contrat de mariage. S'il y avait un contrat, la restitution de la dot était bien encore garantie par une hypothèque ; seulement cette hypothèque ne déri-vait pas de la loi , mais bien du contrat lui-même ; car à cette époque, tout acte reçu par un notaire compétent, et revêtu de ses formes propres, entraînait une hypothèque tacite générale. De plus , dans l'ancien droit, cette hypo-thèque, qu'elle fût ou non légale, ne primait pas les créan-ciers hypothécaires antérieurs au mariage.

Dans le droit intermédiaire, une loi du 9 messidor an III , art. 17, établit qu'il n'y aurait plus d'hypothèque légale , et que désormais toutes les hypothèques dériveraient d'un acte public ou d'un jugement. Mais cette loi ne fut pas exécutée dans ses dispositions fondamentales, et bientôt la loi du 11 brumaire an VII est venue rétablir les hypothè-ques légales. Cette loi disposait que l'hypothèque légale, comme toutes les autres, n'aurait d'effet que par l'inscrip-tion , et elle rejetait ainsi les prérogatives si exagérées que la loi *Assiduis* avait attachées à l'hypothèque tacite des femmes.

Le Code Napoléon admet aussi l'hypothèque légale , et il

---

[1] L. 12, C. *Qui pot. in pign.*

n'y a plus lieu de distinguer entre le cas où il a été fait
et celui où il n'a pas été fait de contrat de mariage. De
même aussi, il n'y a pas à tenir compte des conventions
constatées dans le contrat; l'hypothèque résulte du simple
fait du mariage. Il y a plus: - le code, prenant en considération l'intérêt de la femme, l'intérêt des tiers et le crédit
du mari, a décidé que cette hypothèque légale frapperait
sur les biens du mari indépendamment de toute inscription,
mais que sa date varierait suivant la nature des créances qu'elle aurait pour objet de garantir. L'article 2135
indique les différentes époques à compter desquelles l'hypothèque légale de la femme doit prendre rang. Mais comme
nous nous plaçons uniquement au point de vue de la
restitution de la dot, nous pouvons dire que l'hypothèque
qui la garantit prend toujours rang à compter du jour
du mariage. Il est bien vrai que quelques auteurs, s'ap-
puyant sur les articles 2104 et 2105, ont soutenu que cette
hypothèque devait prendre rang à la date du contrat de
mariage [1]. Mais nous ne pouvons admettre cette opinion :
l'hypothèque ne peut pas préexister à la célébration du
mariage qui en est la cause, d'autant plus que les tiers
n'auraient aucun moyen de connaître l'existence de l'hypothèque jusqu'au mariage. La règle, en cette matière, doit
être puisée dans l'art. 2135, 2°, qui se trouve placé dans
une section ayant pour rubrique: *du rang que les hypothèques ont entre elles*, — et nullement dans les art. 2104
et 2105 qui sont relatifs uniquement aux formalités de la
la purge.

L'hypothèque légale de la femme vient donc concourir

---

[1] Tarrible, *Rep.* v° *Inscription hyp.*, § 3, n° 8. — Troplong, *Priv.
et hyp.*, t. II, n° 579 et suivants.

avec le principe de l'inaliénabilité du fonds dotal pour garantir la restitution de la dot. On a pourtant soutenu que si la dot immobilière a été indûment aliénée, la femme dotale n'a pas, à raison du prix, une hypothèque légale sur les biens de son mari; qu'elle a seulement l'action révocatoire accordée par l'art. 1560 contre les tiers acquéreurs [1]. Mais cette théorie est repoussée à la fois par la majorité des auteurs et par la jurisprudence constante de la Cour de Cassation [2]. Nous ne voyons pas, quand la loi offre à la femme, après la dissolution du mariage, deux actions à raison de l'aliénation indûment faite de son immeuble dotal, l'une en résolution de la vente, l'autre en collocation sur les biens personnels du mari, pourquoi ni sous quel prétexte il serait interdit à la femme d'opter pour celle-ci.

Cette hypothèque frappant tous les immeubles présents et à venir du mari, on conçoit que le crédit de celui-ci puisse en souffrir. Aussi, quand le mari a plus d'immeubles qu'il n'est nécessaire pour garantir la restitution de la dot, les parties majeures peuvent-elles convenir dans le contrat de mariage que l'hypothèque ne frappera que sur certains immeubles du mari, sans pouvoir convenir cependant que les immeubles du mari seront libres de toute hypothèque à raison de la dot de la femme et de ses reprises et conventions matrimoniales (art. 2140). Le régime dotal

---

[1] Grenoble, 8 mars et 31 août 1827, 7 avril 1840. — Poitiers, 14 décembre 1830. — Grenier, t. 1, page 260. — Sérizlat, *De la dot*, n° 194.

[2] Merlin, *Quest.*, v° *Remploi*, § 9. — Troplong, n°° 612 et suiv. — Zacharie, t. III, p. 570. — Tessier, t. II, p. 62. — Paul Pont, *Priv. et hyp.*, t. 1, n° 435.

n'est pas un obstacle à cette réduction de l'hypothèque, car la femme, en consentant à cette réduction, reconnaît par là même que sa dot est suffisamment protégée; et d'ailleurs elle ne fait abandon de ses droits au profit d'aucune autre personne : — elle dégrève seulement les biens de son mari.

Cette réduction, si elle n'a pas été consentie dans le contrat de mariage, pourra même avoir lieu pendant le mariage (art. 2144). Mais dans ce cas il faudra, outre le consentement de la femme, l'avis de quatre de ses plus proches parents, réunis en assemblée de famille. Le mari adressera sa demande en réduction au tribunal et celui-ci ne statuera qu'après avoir entendu le procureur impérial.

Mais si la femme peut ainsi consentir à la réduction de son hypothèque, nous ne pensons pas qu'elle puisse, lorsqu'elle est mariée sous le régime dotal, céder son hypothèque légale à un tiers ou y renoncer au profit d'un tiers. L'hypothèque, en effet, est un *jus in re*, un démembrement de la propriété, un droit immobilier, et par suite elle doit participer à l'inaliénabilité de l'immeuble dotal. Il est vrai qu'un grand nombre de jurisconsultes ne reconnaissent pas dans l'hypothèque un droit immobilier. Ils disent : l'hypothèque est l'accessoire d'une créance; or, les créances sont le plus souvent mobilières, et comme il est de principe que l'accessoire suit la nature du principal, il faut conclure que l'hypothèque est un droit mobilier. Ces jurisconsultes font une fausse application de la maxime *accessorium sequitur principale*. Car supposez une créance immobilière (ce qui, à la vérité, sera fort rare), par exemple une créance de tant d'hectares de terre, cette créance peut être garantie par un droit de gage mobilier,

véritable accessoire de la créance [1]. Il est donc possible
que la garantie d'une créance ne soit pas de même nature
que cette créance. Qui empêche alors que l'hypothèque
soit un droit immobilier bien que garantissant une créance
mobilière [2]? Aujourd'hui, d'ailleurs, nous avons un texte
qui lève tous les doutes et qui vient enlever (implicitement
il est vrai) à la femme dotale la faculté de renoncer à son
hypothèque légale, ou de la céder. C'est l'art. 9 de la loi
du 23 mars 1855 qui, prévoyant les cas où les femmes
peuvent céder leur hypothèque légale ou y renoncer, fait
comprendre par là même qu'il existe d'autres cas où la
femme n'a pas ce droit. Eh bien! ces autres cas ne peuvent
être que celui où la femme est mariée sous le régime
dotal, ou bien encore celui où la femme, quoique mariée
sous le régime de la communauté légale ou conventionnelle, a mis, par son contrat de mariage, une portion de
sa fortune sous la protection du régime dotal. Cette décision n'a rien de contraire à celle que nous avons soutenue,
que la dot mobilière est aliénable. On ne peut pas dire en
effet : la femme peut aliéner directement la dot mobilière ;
pourquoi ne pourrait-elle pas l'aliéner indirectement en
renonçant à son hypothèque? Elle ne le peut pas, parce que
l'hypothèque est un droit immobilier. Ce qui n'empêche
pas que la femme, dûment autorisée de son mari, puisse
aliéner sa dot mobilière de toute autre façon.

---

[1] Valette, *Priv. et hyp.*, n° 124. *in fine.*
[2] Paul Pont, *Priv. et hyp.*, t. I, n° 328.—Troplong, *Contrat de mar.*,
t. IV, n° 3265, et *Priv. et hyp.*, t. II, n° 601.

SECTION IV.

DE LA PURGE DE L'HYPOTHÈQUE LÉGALE DE LA FEMME.

Le législateur, tout en prenant les mesures propres à faciliter aux tiers acquéreurs des immeubles du mari la purge de l'hypothèque légale, a pris en même temps des dispositions qui permettent à la femme de sauvegarder ses droits. Ce n'est qu'au point de vue de ces dispositions que nous avons à nous occuper ici de la purge de l'hypothèque légale. Disons pourtant que cette purge peut s'opérer de deux manières : d'après les règles ordinaires de la purge, si l'hypothèque légale a été inscrite; ou bien, d'après les règles spéciales des art. 2193 et 2194, s'il n'a pas été pris d'inscription. Mais, que l'on procède d'une façon ou de l'autre, on arrive toujours au même résultat, car l'inscription qui existait déjà et celle qui est prise dans les deux mois de l'art. 2194 assurent à la femme le rang qui lui est assigné par l'art. 2135.

Deux cas peuvent se présenter : 1° L'hypothèque de la femme se trouve primée par des priviléges ou d'autres hypothèques. Alors l'acquéreur peut valablement payer son prix aux créanciers qui priment la femme, et l'inscription de celle-ci sera rayée en totalité ou jusqu'à due concurrence, suivant que le payement fait à ses créanciers absorbera ou n'absorbera pas le prix de l'immeuble. Dans ce cas, la femme peut, si elle espère obtenir un prix plus élevé, demander que l'immeuble soit revendu aux enchères. Sans doute, le plus souvent, la femme ne le fera pas; elle n'osera pas agir dans la crainte de déplaire à son mari, qu'elle exposerait à un recours en garantie de la part de l'acquéreur qu'elle évincerait. Mais c'est un droit qui lui est conféré, bien que sa créance ne soit encore que conditionnelle. Le Code ne détermine aucun délai pour surenchérir, et l'on en conclut généralement que la faculté de prendre inscription et celle de surenchérir, après que l'inscription a été prise, dure deux mois, à compter du jour où l'extrait du titre d'acquisition a été affiché dans l'auditoire du tribunal. Il eût été sans doute plus avantageux pour la femme de ne faire courir le délai de surenchère que du jour de la dissolution du mariage. Mais alors la purge eût été arrêtée pendant de longues années, et la circulation des bien entravée. Aussi le législateur a-t-il cru devoir faire fléchir l'intérêt privé devant l'intérêt public.

2° La femme prime les autres créanciers. Dans ce cas, dit l'art. 2195 *in fine*, l'acquéreur ne pourra faire aucun payement du prix au préjudice de la femme. Il en résulte qu'il ne pourra verser son prix ni entre les mains du mari, ni entre les mains de la femme; car le mari est précisément le débiteur dont l'inscription a révélé la créance, et la femme est incapable pendant le mariage de toucher le montant d'une créance, surtout d'une créance conditionnelle. Le tiers acquéreur devra donc conserver le prix jusqu'à la dissolution du mariage ou bien le consigner, s'il le préfère. Ainsi dans tous les cas, la femme sera protégée contre les collusions possibles de son mari avec les tiers.

SECTION V.

DE LA SÉPARATION DE BIENS.

Ce n'était pas assez d'avoir accordé à la femme dotale des garanties aussi puissantes que celles résultant de l'inaliénabilité et de l'imprescriptibilité du fonds dotal et de l'hypothèque légale qui grève tous les immeubles présents et à venir du mari. Le législateur, pour le cas où le mari dissiperait notoirement la dot ou en compromettrait sérieusement la conservation, a encore permis à la femme de demander la séparation de biens (art. 1563). Que la dot puisse être mise en péril sous le régime dotal, cela se conçoit lorsqu'elle est purement mobilière ; car la Cour de Cassation elle-même, qui admet pourtant en principe l'inaliénabilité des meubles dotaux, reconnaît au mari le pouvoir d'en disposer librement. Mais lorsque la dot consiste en immeubles, comment comprendre qu'elle puisse être mise en péril? Sans doute le péril ne consistera pas alors dans l'aliénation qui serait faite de la dot, car la femme pourra la faire révoquer ; mais il pourrait arriver que le mari, tout en conservant l'immeuble par devers lui, le détériorât. Par exemple, s'il s'agissait d'une maison, il pourrait la démolir, pour vendre les matériaux ; et s'il s'agissait d'un bois, il pourrait faire des coupes insolites. Il importait dans ces cas de venir au secours de la femme dont la dot était compromise.

Lorsque la séparation de biens est prononcée, le mari perd la jouissance des biens dotaux et l'exercice des actions qui les concernent; mais ces biens conservent entre les mains de la femme leur nature et leur destination. Si ce sont des immeubles, ils continuent à être inaliénables. Seulement nous avons vu qu'ils cessent d'être prescriptibles. Mais si ce sont des meubles, que décider? Puisque la femme succède aux pouvoirs du mari et qu'on reconnaît à celui-ci le droit de disposer de la dot mobilière par vente, cession etc., il faudrait, pour être logique, accorder le même droit à la femme séparée. Il n'en est rien pourtant, et la Cour de Cassation lui a refusé ce droit dans plusieurs arrêts[1]. Elle décide que la femme ne peut pas plus aliéner les meubles après la séparation, qu'elle ne le pouvait avant; que les capitaux dotaux doivent être uniquement consacrés à produire des revenus pour soutenir les charges du mariage. Nous ne pouvons pas admettre cette opinion qui ne s'appuie d'ailleurs sur aucun texte. Sans doute la Cour de Cassation a cru protéger ainsi la femme et rendre une décision favorable aux intérêts du ménage. Elle ne songeait pas que souvent, au contraire, la femme aura à souffrir de la restriction apportée à ses pouvoirs. Si la dot, par exemple, comprend des rentes ou des actions industrielles, la femme ne pourra pas prévenir les pertes attachées à une baisse prochaine, en vendant à temps.

SECTION VI.

DES GARANTIES CONVENTIONNELLES; CAUTION, EMPLOI, REMPLOI.

Les garanties dont nous nous sommes occupés jusqu'ici peuvent être appelées des garanties légales, parce qu'elles

---

[1] Cassation, 23 décembre 1839. — *Id.* 14 novembre 1846.— Dalloz, 40, 1, 1, 47, 1, 27.

naissent indépendamment de toute convention, et qu'une convention contraire est même nécessaire pour en empêcher l'existence. Toutefois cette qualification de garantie légale ne convient pas à la séparation de biens: ce serait plutôt une garantie judiciaire, car la femme a la faculté de la demander à la justice, et les tribunaux peuvent la refuser lorsqu'il leur semble que la dot n'est pas en péril. Les garanties dont nous allons traiter maintenant n'ont aucun de ces caractères; elles n'existent que par suite de la convention des parties, et cette convention fait loi.

1° *Caution.* — Dans l'ancien Droit romain, l'usage des fidéjusseurs pour la restitution de la dot était assez répandu. C'était là une habitude contraire à la dignité du mariage et à l'honneur du mari; aussi fut-elle abolie par les empereurs Théodose et Arcadius [1], et ensuite par une constitution de Justinien [2]. Mais si Justinien diminuait ainsi le nombre des garanties possibles de la restitution de la dot, il les augmenta considérablement sous un autre rapport, en accordant à la femme, sur les biens de son mari, l'hypothèque privilégiée dont nous avons déjà parlé.

Le législateur français fait comme Justinien: il dispense le mari de l'obligation de fournir une caution (art. 1550), et en même temps il supprime le privilége de la femme (art. 1572). Mais tout en déclarant que le mari n'est plus tenu de fournir caution pour la réception de la dot, le législateur ajoute qu'il pourra y être assujetti par une clause du contrat de mariage. Alors les raison d'affection et de confiance qui ont causé l'abolition de cette obli-

[1] Loi uniq.. C. Théod., *De fidejussoribus dotium.*
[2] L. 2, C. *ne fidejussores.*

gation n'existent pas ; car le futur n'est pas encore mari, l'honneur conjugal n'est pas encore engagé, et il dépend de lui de ne pas se soumettre à la charge de la caution.

Cela nous prouve (ce qui d'ailleurs résulte clairement des termes de l'art. 1550) que le mari ne peut être soumis à la caution pendant le mariage. Si en effet il devient insolvable, il y a un parti plus simple et en même temps plus décisif, c'est la séparation de biens.

Emploi et remploi. — En parlant de ce que doit comprendre la restitution de la dot, nous avons déjà dit quelques mots des clauses d'emploi et de remploi. Ces clauses, desquelles il résulte que le mari doit rendre autre chose que ce qui a été constitué en dot, sont en même temps une garantie pour la restitution de cette dot, et c'est à ce point de vue que nous en parlons ici.

La clause d'emploi sous le régime dotal a pour but d'obliger le mari à employer des deniers dotaux à acquérir des immeubles ; et ces immeubles, prenant les lieu et place des deniers, deviendront dotaux. Cette clause n'est pas sous-entendue dans les contrats de mariage, de sorte qu'il faudra la stipuler expressément si l'on veut que les immeubles acquis des deniers dotaux, ou donnés en payement de la dot constituée en argent, deviennent dotaux (art. 1553). Mais le plus souvent, la simple insertion dans le contrat de mariage d'une clause d'emploi, ne suffit pas pour que l'immeuble acquis des deniers dotaux soit dotal. Il faut encore : 1° que, lors de l'acquisition, le mari déclare, dans l'acte, qu'elle est faite des deniers dotaux et pour tenir lieu d'emploi à la femme (art. 1434) ; 2° que cet emploi soit formellement accepté par la femme (art. 1435).

7

Ces deux articles, en effet, quoique placés au régime de la
communauté, doivent être appliqués sous le régime dotal ;
car la femme doit pouvoir repousser un mauvais emploi,
et le mari de son côté n'a point le droit de la rendre propriétaire malgré elle. Mais, dans le régime de communauté,
la femme a jusqu'à la dissolution de la communauté pour
accepter l'emploi; et si, à ce moment, elle ne l'a pas accepté,
elle a simplement son droit de créance contre son mari.
Nous pensons qu'il doit en être de même sous le régime
dotal, c'est-à-dire que l'immeuble acquis des deniers dotaux
diminue irrévocablement la propriété du mari, lorsque
l'emploi n'a pas été accepté par la femme à la dissolution
du mariage ou à l'époque de la séparation de biens.

Lorsque la femme a constitué en dot une créance avec
clause d'emploi, le débiteur est mis à couvert de toute
responsabilité en payant au mari, alors même que celui-ci
ne ferait pas emploi du prix payé. En effet, la clause
d'emploi ne concerne que les époux entre eux ; pour produire de l'effet à l'égard des tiers, il faudrait qu'ils fussent
intervenus dans le contrat.

La clause de remploi est aujourd'hui assez fréquemment
employée dans les contrats de mariage de personnes qui,
voulant se placer sous la protection du régime dotal, sup-
priment ce que ce régime a de rigoureux en stipulant que
les fonds dotaux seront aliénables. Ce remploi, qui pour
être valable exige le même ensemble de règles que dans le
régime de communauté, diffère pourtant du remploi de la
communauté légale. Ce dernier, en effet, n'est qu'une affaire
entre le mari et la femme; tandis que, sous le régime dotal,
les tiers acquéreurs du fonds dotal sont intéressés à surveiller
le remploi; car la femme, à défaut de remploi, pourrait re-

vendiquer l'immeuble contre eux. Nous avons déjà expliqué (p. 69) pourquoi il en est ainsi. C'est que le contrat de mariage permet l'aliénation du fonds dotal sous la condition du remploi; et comme il n'y a pas eu de remploi la condition est défaillie, et par suite la vente peut être annulée.

RÉGIME DE LA COMMUNAUTÉ.

CHAPITRE PREMIER.

QUAND A LIEU LA RESTITUTION DE LA DOT. — CE QU'ELLE DOIT COMPRENDRE.

SECTION I.

DIFFÉRENCES ENTRE LE RÉGIME DE COMMUNAUTÉ ET LE RÉGIME DOTAL AUX POINTS DE VUE DU TEMPS OU A LIEU LA RESTITUTION DE LA DOT ET DE LA PREUVE DE LA RÉCEPTION DE LA DOT.

La dot sous le régime de la communauté légale se compose en pleine propriété des biens qui tombent dans la communauté du chef de la femme, et en jouissance seulement des biens qui restent propres à la femme.

Le caractère particulier de ce régime, c'est qu'il y a trois patrimoines distincts, celui du mari, celui de la femme et celui de la communauté. Comme ce dernier patrimoine s'augmente chaque année et chaque jour des fruits, revenus, intérêts et arrérages, provenant soit des propres (article 1401, 2°), soit des biens de communauté; comme d'un

autre côté le mari a sur les biens communs des pouvoirs
si étendus, qu'il peut les vendre, les hypothéquer et même
les dissiper, on peut dire que, sous ce régime, la dot est
un ensemble de biens sans cesse susceptible de s'accroître
et de diminuer. Nous avons vu qu'il en était autrement
sous le régime dotal, où les biens dotaux sont strictement
fixés par la constitution de dot. On sait dès lors de quoi se
compose la dot, et par suite, on sait ce qui devra être restitué à la dissolution du mariage ou à la séparation de
biens. Tandis que sous le régime de la communauté, on
ne sait définitivement de quoi se compose la dot qu'à la
dissolution de la communauté, et c'est à ce moment que
doit avoir lieu la restitution de la dot.

Il ne peut être question, sous ce régime, du délai d'un
an qui est accordé, sous le régime dotal, pour le cas où
la dot consiste en choses fongibles ou en choses non fongibles, estimées dans le contrat de mariage, sans déclaration que l'estimation n'en vaut pas vente; tous les biens
dont se compose la dot doivent être restitués en même
temps. Cette différence entre les deux régimes tient aux
larges pouvoirs qu'a le mari sur les biens de la communauté : comme il n'est pas tenu de restituer ceux de ces
biens qu'il a aliénés, il n'était pas nécessaire de lui accorder un délai pour rentrer en possession de ces biens ou en
recouvrer la valeur. Seulement il est évident que la dot ne
pourra pas être restituée immédiatement, car cette restitution s'opère par le partage de la communauté. Or, ce
partage pourra être ajourné à une époque fort reculée par
suite des hésitations de la femme à prendre parti pour
l'acceptation ou la renonciation de la communauté; et,
même à supposer que la femme ait accepté, le partage

pourra encore être retardé parce qu'il faudra procéder à la liquidation de la communauté, et c'est là une opération souvent fort longue et fort compliquée.

Le plus souvent aussi on n'a pas à se préoccuper de la preuve de la réception de la dot. A quoi nous servirait en effet de savoir si le mari a bien réellement reçu telle ou telle valeur, puisque le mari a la faculté d'aliéner ces valeurs, et qu'il n'est pas obligé d'en rendre compte, à moins qu'il ne les ait appliquées à l'amélioration de ses propres ou au payement de dettes relatives à ses propres. Mais il arrivera pourtant des cas où il sera nécessaire d'administrer cette preuve. Supposez qu'une succession en partie mobilière, en partie immobilière vienne à échoir à l'un des époux pendant le mariage et qu'il n'ait pas été fait d'inventaire. Si c'est au mari qu'arrive la succession, il peut arranger les choses de façon à faire croire que la succession renfermait plus de meubles que d'immeubles, afin de faire entrer la communauté pour une plus large part dans la contribution aux dettes de la succession. Si, au contraire, la succession échoit à la femme, le mari peut faire disparaître la plus grande partie du mobilier pour rejeter sur les propres de la femme le poids le plus considérable des dettes. Il importait dans ce cas que la femme eût entre les mains des moyens de preuves assez larges pour combattre les fausses allégations du mari. De là l'art. 1415, qui permet à la femme ou à ses héritiers, lors de la dissolution de la communauté, de faire preuve de la consistance et valeur du mobilier non inventorié, par titres, par papiers domestiques, par témoins et même au besoin par enquête de commune renommée. Le mari, au contraire, n'est jamais recevable à faire cette preuve, parce qu'il a à s'imputer à faute de n'avoir pas fait dresser d'inventaire.

Il n'y a pas lieu d'appliquer, sous le régime de la communauté légale, la présomption de réception de dot dont il est question dans l'art 1569. Supposez en effet qu'il ait été constitué à la femme 50,000 fr. en dot, payables un an après la célébration du mariage, et que dix ans après cette échéance, la femme soit venue à mourir. Les héritiers pourront-ils dire au mari : Vous avez reçu 50,000 fr. en dot, c'est donc au moins 25,000 fr. qui doivent nous revenir? Nullement, car le mari répondrait : Oui, j'ai reçu 50,000 fr., mais je les ai dépensés, ainsi que j'en avais le droit. Ou bien encore il pourrait dire : Je n'ai pas reçu les 50,000 fr.; mais j'ai entre les mains les titres constatant cette créance, et cette créance figurera dans les opérations du partage.

Mais si cette présomption n'est pas admise sous le régime de communauté légale, n'omettons pas de signaler la présomption de l'art. 1402. Elle est relative seulement aux immeubles : « Tout immeuble est réputé acquet de communauté s'il n'est prouvé que l'un des époux en avait la propriété ou possession légale antérieurement au mariage, ou qu'il lui est échu depuis à titre de succession ou donation. » Il résulte de là que l'époux qui se prétend propriétaire d'un immeuble doit administrer la preuve de sa propriété : sinon la communauté en sera déclarée propriétaire.

SECTION II.

DES FRUITS ET DES INTÉRÊTS DE LA DOT.

Ces fruits et intérêts proviennent soit des biens de communauté, soit des propres des époux. Au premier cas, si la femme accepte la communauté, elle profitera de la moitié des fruits échus ou perçus au jour du partage, à la charge de supporter la moitié des frais de labours et de semailles. Il est bien certain, d'abord, qu'elle recevra la moitié de ceux qui sont échus au jour de la dissolution de la communauté; car ces fruits et revenus, s'ils n'ont pas été employés à soutenir les charges du mariage, sont tombés comme meubles dans la communauté. Pour ceux qui sont échus ou qui ont été perçus dans le laps de temps compris entre la dissolution et le partage, la femme doit encore en toucher la moitié, car le partage remonte, quant à ses effets, au jour de la dissolution.

Quant aux revenus des propres, il faut distinguer entre les fruits naturels et les fruits civils. Les premiers s'acquièrent par la perception, et les seconds s'acquièrent au jour le jour. Il en résulte qu'arrivant la dissolution de la communauté, la femme, soit qu'elle accepte, soit qu'elle renonce, gardera tous les fruits pendants par branches ou par racines sur ses immeubles propres. Seulement elle sera tenue de rembourser à la communauté la moitié ou la totalité des impenses de culture. Que si, au contraire, il s'agit des fruits civils, la femme aura droit aux fruits civils de ses propres, à partir de la dissolution de la communauté; elle devra recevoir autant de fois $1/365^e$ du revenu total de ses propres qu'il s'est écoulé de jours depuis la dissolution.

Nous avons déjà signalé (p. 62) la différence qui existe sous ce rapport entre le régime de communauté légale et le régime dotal. Sous ce dernier régime, on peut dire que tous les fruits, tant naturels que civils des biens dotaux, s'acquièrent jour par jour.

La femme peut avoir en propre un bois taillis ou une futaie mise en coupes réglées : leurs produits tomberont dans la communauté pour tout ce qui en est considéré comme fruits conformément aux art. 590 et 591. Seulement l'art. 590 décide que l'usufruitier n'a pas droit à être indemnisé pour les coupes qu'il a omis de faire pendant sa jouissance. Tandis que l'art. 1403, au contraire, décide qu'en pareil cas, récompense sera due à la communauté. C'est du moins ainsi qu'il faut entendre le texte de cet article qui porte : « il sera dû récompense à l'époux non propriétaire du fonds , ou à ses héritiers. »

De même encore les produits des mines et carrières en exploitation au jour de la célébration du mariage tombent dans la communauté. (Art. 1403, combiné avec l'art. 598).

Mais pour les produits des mines et carrières qui sont ouvertes pendant le mariage sur les propres de la femme, de même que les arbres à haute tige qui ont été abattus sur ces propres, ces produits qni ne peuvent pas être considérés comme des fruits, mais qu'on envisage plutôt comme des fractions détachées des propres, conservent eux-mêmes le caractère de propres [1] ; et si leur valeur tombe dans la communauté, ce ne peut être qu'à titre de récompense (art. 1403 et 598).

Enfin, pour compléter ce qui est relatif aux fruits et

[1] Pothier, *Traité de la Communauté*, n° 97.

intérêts de la dot, rappelons les art. 1473 et 1470, d'après lesquels « les remplois et récompenses dus par la communauté aux époux et les récompenses et indemnités par eux dues à la communauté emportent les intérêts de plein droit du jour de la dissolution de la communauté. » Tandis que « les créances personnelles que les époux ont à exercer l'un contre l'autre, ne portent intérêt que du jour de la demande en justice. »

SECTION III.

DE L'USUFRUIT CONSTITUÉ AU PROFIT DE LA FEMME.

Il peut arriver qu'au jour de la célébration du mariage, la femme soit usufruitière d'un fonds dont un tiers à la nue-propriété, ou bien qu'il lui soit constitué un usufruit pendant le mariage. Cet usufruit reste propre à la femme. En effet, d'après l'art. 526 C. N., l'usufruit des choses immobilières est un immeuble par l'objet auquel il s'applique ; et d'après l'art. 1404, « les immeubles que les époux possèdent au jour de la célébration du mariage ou qui leur échoient pendant son cours à titre de succession (et il faut ajouter : et à titre de donation), n'entrent point en communauté. » Ici, ce qui n'entre pas dans la communauté, c'est le droit d'usufruit considéré en lui-même; mais les fruits y entreront parce que le revenu des propres tombe en communauté, et que d'un autre côté le revenu de l'usufruit est le même que celui de la pleine propriété.

Qu'arrivera-t-il si le mari est nu-propriétaire de l'immeuble dont la femme a l'usufruit? Nous avons déjà examiné cette question en Droit romain (p. 39), et en Droit français sous le régime dotal (p. 63). Dirons-nous, comme en Droit romain, que le mari devient plein propriétaire puisqu'il avait la nue-propriété et qu'il acquiert la jouissance? Ou bien, dirons-nous, comme sous le régime dotal, que le mari a entre ses mains deux droits distincts, le droit de nue-propriété et le droit de jouissance sur un propre? Nous pensons qu'il faut s'arrêter à cette dernière opinion, car la jouissance qu'a le mari n'est pas à proprement parler un usufruit. Il résultera de là que les héritiers du mari ne seront pas tenus de constituer à la femme un droit nouveau d'usufruit, mais uniquement de lui restituer le droit qu'elle avait déjà.

Bien que nous ne nous occupions ici que de la communauté purement légale, l'examen de ces questions d'usufruit nous amène à traiter d'un cas qui ne peut se présenter que lorsque la communauté se trouve modifiée par suite de la convention des parties. Supposons que la femme ait fait entrer dans la communauté, par suite d'une clause d'ameublissement, l'usufruit d'un fonds dont elle garde la nue-propriété, ou bien qu'un tiers ait, pendant le mariage, constitué un usufruit sur la tête de la femme, à la condition que cet usufruit tomberait dans la communauté. Dans ces deux hypothèses, qui sont semblables, ce ne sont pas seulement les fruits qui tombent dans la communauté, mais c'est le droit d'usufruit lui-même, contrairement à ce qui arrive dans les autres cas que nous venons d'examiner. Quand arrivera la dissolution de la communauté, il faudra alors distinguer quelle est la cause de cette dissolution. Si c'est la mort du mari ou la séparation de biens, l'usufruit figurera au partage. Mais si la dissolution arrive par suite de la mort de la femme, l'usufruit s'éteindra et sortira de la communauté pour aller rejoindre la nue-propriété entre les mains des héritiers de la femme ou entre les mains de celui qui l'avait constitué.

SECTION IV.

DES RISQUES — DES DÉPENSES CONSERVATOIRES.

Sous le régime de communauté légale, les risques des biens communs sont à la charge de la communauté, et nullement à la charge du mari. C'est là la conséquence même des pouvoirs du mari qui vont jusqu'à perdre, détruire, briser, dilapider [1], et qui sont résumés dans cet adage trivial au palais : *maritus potest perdere, dissipare, abuti.*

Mais il en est autrement pour les biens personnels de la femme. Le mari qui en est l'administrateur est responsable de tout dépérissement qui y surviendrait par suite du défaut d'actes conservatoires (art. 1428). Il est obligé d'entretenir les biens de la femme en bon état de réparation, d'empêcher les usurpations, de discuter les débiteurs et d'arrêter le cours des prescriptions, etc. S'il manque à ces obligations, si, par exemple, il laisse périr une action en payement, la femme aura contre lui un recours en dommages et intérêts. Mais, comme les garanties dues par le mari pour mauvaise administration sont des dettes de la communauté, il faut dire avec Lebrun [2] que la femme qui accepte la communauté les confond pour moitié.

Les dépenses qui sont ainsi faites par le mari pour la conservation des biens propres de la femme sont le plus souvent payées avec les biens de la communauté. Il est

[1] Pothier, *Traité de la Communauté*, n° 470.
[2] Lebrun, p. 309, n° 39.

juste dès lors que la femme lui paye une récompense (art. 1437), car c'est son propre qui a profité de la totalité de la dépense.

S'il s'agit non plus de dépenses indispensables à la con-servation de la chose, mais de dépenses simplement utiles, par exemple une écurie, une grange qui auraient été cons-truites sur une ferme, il y a bien lieu encore à récom-pense, mais jusqu'à concurrence de la plus-value donnée au fonds au jour de la dissolution de la communauté [1]. C'est ce qui résulte, chez nous, des termes mêmes de l'art. 1437 qui se termine ainsi : « Toutes les fois que l'un des époux a tiré un profit personnel des biens de la commu-nauté, il en doit la récompense.» C'est donc la récompense du profit qui doit être donnée et non pas une récompense calculée sur le montant de la dépense.

Enfin lorsqu'il s'agit de dépenses purement voluptuaires, la communauté n'a droit à aucune récompense.

CHAPITRE II.

DES GARANTIES ACCORDÉES A LA FEMME COMMUNE EN BIENS POUR LA RESTITUTION DE SA DOT.

—

SECTION I.

DE LA FACULTÉ D'ACCEPTER LA COMMUNAUTÉ OU D'Y RENONCER.

Le mari ayant des pouvoirs très-étendus sous le régime de la communauté légale, il arrivera souvent, lorsqu'il ne

---

[1] Pothier, n° 636.—Dumoulin, *Traité de la Communauté*, art. 12.—Lebrun, p. 375, n° 15.

sera pas bon administrateur, que le patrimoine de la communauté sera fort endommagé à l'époque de la dissolution de la communauté. On ne pouvait pas, pour être juste, imposer à la femme les résultats fâcheux de la mauvaise administration de son mari, alors qu'elle était restée complétement étrangère à cette administration. De là la faculté qui lui est accordée d'accepter la communauté ou d'y renoncer (art. 1453).

Si elle accepte purement et simplement, sans faire d'inventaire, la femme sera tenue des dettes de communauté, même au-delà de son émolument et sur ses biens propres. — Si, au contraire, elle a la précaution de faire dresser un inventaire, elle ne sera tenue des dettes de communauté que jusqu'à concurrence de l'émolument qu'elle retirera de la communauté. Enfin, si elle renonce, elle ne sera en aucune façon tenue des dettes de la communauté; mais aussi elle ne pourra prétendre à aucune part dans l'actif de cette communauté (art. 1483 et 1494).

Nous rappelons ici ces détails parce qu'ils servent à montrer comment il se fait que la femme trouve une garantie pour la restitution de sa dot dans la faculté qui lui est accordée d'accepter ou de renoncer. On n'a pas perdu de vue en effet que la dot, sous le régime de la communauté légale, ne se compose pas uniquement des biens de la femme qui tombent en communauté, mais encore de la jouissance de ses biens propres. La femme qui renonce sauvegarde ainsi une partie de sa dot; car les fruits de ses propres étaient affectés à désintéresser les créanciers de la communauté. Il en est de même aussi de la femme qui accepte, mais qui a eu la précaution de faire dresser un inventaire.

Cette faculté d'accepter ou de renoncer sert encore à protéger la dot de la femme, en ce sens que les tiers qui traitent avec le mari sont prévenus d'avance qu'ils ne doivent pas trop compter sur la fortune personnelle de la femme, parce qu'au dernier moment il pourra arriver que celle-ci renonce et mette ainsi à l'abri de leurs poursuites un gage qui les a peut-être abusés. Cette situation, en faisant brèche au crédit du mari, sera cause que la communauté courra moins de chances d'être dilapidée. Le mari en effet ne trouvera guère à emprunter qu'à la condition que sa femme s'oblige solidairement avec lui. Peut-être alors la nécessité d'intervenir dans un acte ouvrira-t-elle les yeux à la femme sur la mauvaise administration de son mari, et la déterminera-t-elle à demander la séparation de biens. Mais aussi il faut reconnaître que bien souvent la femme, trop faible pour résister aux sollicitations de son mari, s'obligera avec lui et prêtera ainsi les mains à sa propre ruine : c'est alors que la renonciation à la communauté lui sera avantageuse.

SECTION II.

DE L'HYPOTHÈQUE LÉGALE DE LA FEMME COMMUNE EN BIENS.

Le fait seul du mariage, quelles que soient d'ailleurs les conventions matrimoniales, entraîne au profit de la femme une hypothèque légale sur les biens du mari. Cette hypothèque, aux termes de l'art. 2121, garantit les *droits et créances* de la femme, expression fort large qui comprend non-seulement la dot et les fruits de celle-ci, mais encore les conventions matrimoniales (*préciput,* gains de survie, etc.), et enfin toutes les répétitions que la femme peut avoir à exercer contre son mari à un titre quelconque. Toutefois si la femme a une hypothèque pour recouvrer ses propres, elle n'en a pas pour recouvrer son apport dans la société conjugale. Car en se mariant sous le régime de communauté purement légale, elle a accepté toutes les conséquences de ce régime, et l'une de ces conséquences, c'est d'entraîner un partage à la dissolution de la communauté. De sorte que la femme pourra perdre une partie de son apport, comme aussi il pourra arriver qu'elle gagne une partie de l'apport du mari. Mais, dans tous les cas, ce partage sera protégé par une garantie plus forte, à certains égards, qu'une simple hypothèque légale, par le privilége des copartageants. C'est ce qui résulte de la combinaison des art. 1476 et 2103.

Aux termes des art. 2121 et 2135, l'hypothèque légale de la femme porte sur les immeubles du mari. On se demande, à ce sujet, s'il faut prendre cette formule restrictive à la lettre, ou bien s'il ne faudrait pas décider plutôt que les conquêts de communauté sont aussi grevés de cette hypothèque. Cette question est complexe, et il faut dire de suite que sous quelques-uns de ses aspects, elle ne présente pas de difficultés. Si par exemple *les conquêts n'ont pas été aliénés* par le mari durant la communauté, et que la femme renonce, les conquêts sont censés avoir toujours appartenus au mari, et il est de règle que l'hypothèque grève tous les immeubles de celui-ci. Si au contraire la femme accepte la communauté, son hypothèque portera sur la portion des conquêts qui sera attribuée au mari, car le partage étant déclaratif de propriété, le mari est réputé avoir toujours eu la propriété exclusive des biens qui lui sont échus.

Que *si les conquêts ont été aliénés* par le mari et que la
femme accepte la communauté, il n'y a pas davantage de
difficulté ; la femme n'a pas d'hypothèque sur ces biens. En
effet, cette hypothèque serait inconciliable avec les pouvoirs du mari sur la communauté. Il importe que les tiers
à qui le mari peut vendre ces immeubles, n'aient point
ensuite à redouter les effets de l'hypothèque légale : car
sans cela ils ne traiteraient pas avec lui, et le crédit du
mari venant à s'ébranler, la prospérité de la communauté
pourrait bien en souffrir.

Mais quand la femme renonce, on n'est plus d'accord. La
jurisprudence décide que, même dans ce cas, l'hypothèque
de la femme frappe les conquêts aliénés, et elle est telle-
ment unanime sur ce point, qu'il y aurait de la témérité
à soutenir devant les tribunaux l'opinion contraire [1]. Malgré tout le respect que nous accordons aux arrêts de la
cour suprême, nous ne pouvons pourtant admettre sa décision, et nous ne croyons pas qu'en théorie pure, il soit possible de l'accepter.

L'hypothèque légale, si onéreuse, pour le mari, peut
être réduite de façon à ne porter que sur certains immeubles de celui-ci, et cette réduction peut avoir lieu soit dans
le contrat de mariage, soit même après le mariage (articles 2140 et 2144). — Il y a plus ; la femme peut aussi céder
son hypothèque légale à un tiers, ou y renoncer en faveur
d'un autre créancier du mari. Cette cession ou cette renonciation produisent exactement les mêmes effets ; elles enlè-
vent à la femme son hypothèque légale pour en investir un
tiers. Mais ces deux opérations doivent être rendues publi-

[1] Dalloz, voir *Priv. et hyp.* n° 928.

ques, et pour cela elles sont d'abord soumises à la formalité
de l'acte authentique; et en outre, les cessionnaires doivent
veiller à l'inscription de l'hypothèque ; car ils ne seront
saisis de leur droit à l'égard des tiers que par l'inscription
qui sera prise à leur profit sur le registre du conservateur
des hypothèques, ou par la mention qui sera faite en marge
de l'inscription préexistante. (Art. 9 L. du 23 mars 1855).

SECTION III.

DE LA PURGE DE L'HYPOTHÈQUE LÉGALE DE LA FEMME COMMUNE EN
DIENS.

Ce que nous avons dit de la purge de l'hypothèque légale
de la femme dotale, s'applique en tous points sous le régime
de la communauté légale, car les articles 2193 et suivants,
ne distinguent pas. Ainsi, lorsqu'il aura été pris une inscription dans les délais, s'il existe des créanciers privilégiés
ou même hypothécaires, mais inscrits avant la femme,
celle-ci aura la faculté de demander une revente aux
enchères. Si, au contraire, c'est elle qui prime les autres
créanciers, le tiers acquéreur devra consigner le prix, ou le
conserver jusqu'à la dissolution du mariage.

SECTION IV.

DE LA SÉPARATION DE BIENS.

C'est là un puissant secours accordé à la femme contre
la dissipation de son mari. Nous avons vu cette garantie
prendre son origine en Droit romain et passer de là sous le
régime dotal, et puis enfin sous le régime de la communauté

8

légale. Inutile d'insister sur les avantages que la femme peut retirer de la séparation de biens : on comprend sans peine, en effet, que le mari par sa mauvaise administration mette la dot en péril; de telle sorte, qu'il y ait lieu de craindre l'impossibilité pour lui de restituer à la femme tout ce qui lui revient. Alors il importe de sauver l'avenir et de prévenir le mal avant qu'il ne soit arrivé à son terme.

Mais il ne faudrait pas croire que la femme qui a obtenu la séparation de biens ait acquis par là un pouvoir illimité sur les biens qui lui sont attribués. Son pouvoir au contraire est circonscrit dans des limites précises qui sont indiquées par l'art. 1449.

SECTION V.

REMPLOIS. — RÉCOMPENSES. — REPRISES.

I. *Remplois.* — Le remploi sous le régime de communauté peut être fait sans qu'il soit stipulé par le contrat de mariage, contrairement à ce qui a lieu sous le régime dotal. Mais, après l'aliénation d'un propre de la femme, le mari n'est pas forcé d'en acquérir un autre en remploi : c'est une faculté qui lui est laissée. Aussi, les tiers acquéreurs n'ont-ils nullement à se préoccuper de savoir s'il a été ou non fait remploi. Si le mari acquiert un immeuble et qu'il veuille lui faire prendre la place de l'immeuble propre de la femme qui a été aliéné, il devra déclarer dans l'acte: 1° que l'immeuble est acquis moyennant les deniers provenant de l'aliénation d'un propre ; 2° qu'il est acquis pour être subrogé aux lieu et place du propre aliéné. Ce n'est pas tout: s'il suffisait au mari de faire cette double déclaration pour qu'il y ait remploi, il arriverrait fréquemment que le mari mettrait au compte de la femme une acquisition qu'elle désapprouverait et qui pourrait même lui être préjudiciable. De là, la nécessité pour la validité du remploi de son acceptation par la femme (art. 1435). Mais il n'est pas nécessaire que cette acceptation ait lieu dans l'acte même d'acquisition, et la femme peut la faire jusqu'à la dissolution de la communauté, comme cela résulte des termes mêmes de l'art. 1435. Après cette époque, la femme ne peut plus accepter; l'immeuble acquis de ses deniers est considéré comme un conquêt; elle a seulement droit à une récompense.

II. *Récompenses.* — Pour que la femme commune en biens ne soit pas lésée, il importe qu'il soit fait un partage équitable de la communauté. Or, il serait impossible de faire un partage juste et régulier, si l'on ne tenait compte des avances qui ont été faites à la communauté par l'un des époux, et de celles qui ont été faites aux époux par la communauté. Aussi le législateur, toujours jaloux de faire respecter le droit de chacun, a-t-il établi la théorie des récompenses. Il n'entre pas dans notre sujet d'exposer les détails de cette matière, que nous ne rappelons ici que pour indiquer complétement toutes les garanties accordées à la femme pour la conservation de ses droits et le recouvrement de sa dot.

III. *Reprises.* — A la dissolution de la communauté et avant tout partage, chaque époux *prélève* sur la masse des biens ses immeubles propres ou ceux qui ont été acquis en remploi, ou bien encore ses meubles propres non fongibles et qui existent encore en nature, ou dont il a fait remploi. Si ces propres ont été aliénés sans remploi, si la communauté doit des récompenses aux époux

ou enfin si les propres consistent en choses mobilières
fongibles, l'art. 1470 dit encore qu'il y a lieu à *prélèvement*. Dans tous les cas, les prélèvements s'exercent d'abord
sur l'argent comptant, ensuite sur le mobilier, et subsi-
diairement sur les immeubles de la communauté. Ceux de
la femme s'exercent avant ceux du mari, et de plus, les
reprises de la femme doivent être remplies par les biens
personnels du mari en cas d'insuffisance de la communauté, tandis que le mari n'a jamais de recours à exercer
pour ses reprises sur les propres de sa femme. C'est une
faveur accordée à celle-ci, et elle a bien sa raison d'être
si l'on considère que le mari seul a administré, et que
la femme a toujours été en dehors de l'administration. Il
n'y a donc pas de difficulté quant aux reprises lorsque
la communauté ne se compose que de valeurs actives:
dans tous les cas, il y a lieu à prélèvement, et peu importe
de savoir si c'est à titre de propriétaire ou de créancier,
puisqu'on arrive toujours au même résultat.

Mais la question se complique lorsqu'on se trouve en
présence des créanciers de la communauté. Sans doute
encore, la femme pourra prélever ses propres immobiliers
ou même ses propres mobiliers non fongibles, s'ils existent
encore en nature, ou s'il en a été fait remploi, car les
créanciers de la communauté n'ont pas pu compter que
ces biens leur serviraient de gage. Mais si les propres ont
été aliénés sans remploi, ou s'ils consistent en choses mobilières fongibles, comme la communauté en a acquis le qua-
si-usufruit, on se demande si la femme prélèvera encore ces
biens, à titre de propriétaire. Ne faudra-t-il pas, au contraire, décider que la femme, simple créancière, viendra
concourir au marc le franc avec les créanciers chirogra-

phaire, et sera primée par les créanciers privilégiés et hypothécaires de la communauté? Cette dernière opinion, soutenue par la grande majorité des auteurs, est professée dans toutes les écoles de droit. Mais quant à la jurisprudence, elle a plusieurs fois varié sur ce point. Avant 1853, cette cour avait décidé que la femme renonçante à la communauté ne pouvait exercer ses reprises qu'à titre de créancier. Mais depuis cette époque [1], et jusqu'en 1858, elle a décidé que la femme peut agir pour ses reprises, à titre de propriétaire, soit qu'elle accepte la communauté, soit qu'elle y renonce.

La Cour de cassation pour soutenir cette dernière opinion, s'appuyait d'abord sur l'art. 1470, qui parle de *prélèvement*, même au cas où l'immeuble a été aliéné, et au cas où la communauté doit une récompense à la femme. Or, pour prélever, il faut être propriétaire. Donc en cas d'aliénation d'un propre, il s'opère une sorte de subrogation, de remploi légal; de sorte que, à la dissolution de la communauté, la femme aura le droit de prélever une portion du numéraire qui se trouvera dans la communauté, ou à défaut d'argent, des meubles ou même des immeubles. — Ce droit qu'a la femme de réclamer ses reprises comme le ferait un propriétaire, est corroboré par la réflexion suivante : la femme renonçante n'est pas tenue des dettes de la communauté, et pourtant si elle supporte le concours des créanciers, il pourra arriver qu'elle ne soit pas remplie intégralement de ses reprises, qui serviront alors à désintéresser pour partie les créanciers de la communauté. Si au contraire elle accepte et fait inventaire, elle

---

[1] Arrêts de la cour de Cassation, des 5 février 1853 et 11 avril 1854.

n'est tenue des dettes que jusqu'à concurrence de son émolûment dans la communauté (art. 1483). Or, dit-on, si on la
fait recouvrer ses propres comme simple créancière de la
communauté, il n'est pas vrai de dire qu'elle n'est tenue
que jusqu'à concurrence de son émolûment, car alors une
portion de ses propres sert à désintéresser les créanciers
avec lesquels elle se trouve en conflit, tandis que pour
déterminer quel est l'émolûment de la femme dans la
communauté, il faudrait commencer par déduire ses propres de la masse des biens.

La doctrine a toujours combattu énergiquement cette
jurisprudence de la Cour de cassation [1]. D'abord, il importe de bien nous pénétrer du résultat de cette jurisprudence; ce résultat est d'accorder à la femme un véritable
privilége. M. Troplong, qui suit cette jurisprudence, dit
bien qu'il ne faut pas voir là de privilége, mais un simple
droit de délibation et de préférence, prenant sa source
dans ce fait, que le prix des propres n'est entré dans la
communauté qu'à titre de dépôt [2]. Mais qui ne voit que
ce droit de délibation et de préférence n'est rien autre
chose que le droit d'être payé de préférence aux autres
créanciers, c'est-à-dire, un véritable privilége? Rien que
cette observation devrait suffire pour faire rejeter immédiatement l'opinion que nous combattons, car on ne crée pas
de privilége sans un texte précis. Quant à l'idée de dépôt,
elle est tout à fait étrangère à la question qui nous occupe,

[1] Pont et Rodière, t. I, n° 834. — Mourlon, t. III, p. 83 et suiv. —
P. Pont, *Revue critique de Législation*, année 1854, p. 522 et suiv. —
Marcadé, sur l'art. 1493.
[2] Troplong, t. III, n° 1829.

puisque on reconnaît au mari le droit de disposer librement des biens de communauté.

Cela posé, est-il vrai que l'idée de prélèvement entraîne nécessairement l'idée d'un droit antérieur et exclusif de propriété sur les biens à prélever? Nullement, et nous trouvons, dans le Code, des textes établissant qu'il n'en est pas ainsi. C'est d'abord l'art. 1510 relatif au cas d'un préciput stipulé par la femme et duquel il résulte qu'elle ne peut exercer son préciput que lorsque les créanciers de la communauté ont été désintéressés. C'est ensuite l'art. 1408, qui au cas où le mari seul s'est rendu adjudicataire d'un immeuble appartenant par indivis à la femme, déclare la communauté *débitrice,* envers la femme, d'une portion du prix correspondant à sa part dans l'immeuble, lorsque la femme a abandonné ledit immeuble à la communauté. Donc ce mot *prélèvement* s'applique aussi bien à un simple droit de créance qu'à un droit exclusif de propriété.

Est-il vrai, d'un autre côté, que nous violons l'art. 1483, et que nous faisons contribuer la femme aux dettes pour une part supérieure à son émolûment? Pas davantage. Car la condition de la femme qui accepte et qui fait inventaire, est semblable à celle d'un héritier bénéficiaire, et la position de la femme renonçante ressemble beaucoup à celle d'un associé commanditaire. Or, si l'héritier bénéficiaire ou l'associé commanditaire était créancier de la succession ou de la société, dirait-on que, leur obligation aux dettes étant renfermée dans la limite de leur émolûment, leur créance doit être payée avant celle des autres créanciers? Jamais personne ne l'a soutenu. Pourquoi donc en serait-il autrement dans le cas qui nous occupe?

Le système contraire, d'ailleurs, aurait de graves incon-

vénients, car la femme ayant pour ses reprises un privilége, personne ne voudrait trai'er avec le mari sans que la
femme s'engageât personnellement : c'est-à-dire, que cet
état de choses pourrait entraîner tout à la fois le discrédit du
mari et la ruine de la femme. Enfin, nous ne concevons
pas que l'on ait pu reconnaître à la femme le droit d'exercer
ses reprises en propriétaire, lorsqu'elle renonce à la communauté. Par sa renonciation, en effet, n'a-t-elle pas perdu
toute espèce de droit sur les biens de la communauté
(art. 1493)? Comment donc viendrait-elle exercer des prélèvements sur ces biens? Il y a plus : c'est qu'il ne peut pas
être ici question de prélèvement, car le prélèvement est
un acte préparatoire du partage, et il n'y a pas de partage
du moment que la femme a renoncé à la communauté.

Reconnaître à la femme le droit d'exercer ses reprises
par privilége, c'est reconnaître, dans notre Code, l'existence
d'une anomalie contraire aux vues générales du législateur.
Car l'ancien privilége qu'avait la femme dotale sur les
biens de son mari, est abrogé (art. 1572), de sorte qu'il ne
lui reste plus que son hypothèque légale. La femme commune en biens, au contraire, aurait un privilége, c'est-à-
dire, qu'elle serait protégée d'une façon plus efficace que la
femme dotale, ce qui a toujours été bien éloigné de l'intention du législateur. Qu'est-il besoin d'ailleurs d'accorder
à la femme un privilége? Car, ou la communauté sera assez
riche pour payer tous ses créanciers, et alors la femme ne
courra aucun risque ; ou bien la communauté sera incapable de faire face à ses engagements, et alors la femme
trouvera une garantie suffisante dans l'hypothèque légale
qui lui est accordée sur les biens du mari.

Notre opinion était généralement suivie dans l'ancien

droit. Dans Pothier, par exemple, nous trouvons des ex-
pressions qui ne laissent pas de doute à cet égard. Il dit
que « les mobiliers réalisés, (et par suite aussi le prix des
propres qui on été aliénés sans remploi), se confondent dans
la communauté avec les autres biens mobiliers de la communauté, qui est seulement chargée d'en restituer, après sa
dissolution, la valeur à celui des conjoints qui les a réalisés. Et plus loin : « C'est à la *créance de reprise* qu'est attachée la qualité de propre conventionnel [1]. » Nous trouvons
la même idée développée dans Ferrière, qui dit que la
femme dont le propre a été aliéné n'a que l'action pour
la répétition du prix [2]. Renusson, de son côté, dit que les
acquêts de communauté ne sont point subrogés de plein
droit aux propres des conjoints qui se trouveraient avoir
été vendus pendant la communauté, et ne sont pas réputés
de même nature et qualité [3].

Malgré toutes ces raisons, la Cour de cassation n'en
persistait pas moins à reconnaître à la femme le droit
d'exercer ses reprises à titre de propriétaire, lorsqu'elle
rendit, le 16 janvier 1858, un arrêt célèbre qui est venu
enfin donner raison à la doctrine et détruire du même coup
tous les précédents d'une jurisprudence contraire. Cet
arrêt fut rendu en audience solennelle, sous la présidence
de M. Troplong, après trois jours de délibéré et conformément aux conclusions de M. le procureur-général Dupin
qui avait à combattre l'opinion développée par M. Troplong
lui-même, dans son *Traité du contrat de mariage* [4].

[1] Pothier, *Traité de Communauté*, n° 325.
[2] Ferrière sur l'art. 232, *de la Coutume, glose unique*, n° 28 et 29.
[3] Renusson, *Traité des Propres*, ch. iv, sect. 5, n° 1.
[4] Troplong, t. iii, n° 1636 et suiv.

Enfin nous dirons en terminant que, bien que le prélèvement soit une véritable *datio in solutum*, il ne constitue pas un acte principal ayant pour objet des biens étrangers à la masse indivise. Par suite, il ne peut pas donner lieu au profit du fisc à un droit de mutation indépendant de celui auquel est soumis l'acte de partage. Mais si, en cas d'insuffisance des biens de la communauté, la femme exerce son recours sur les propres du mari, et si celui-ci donne un immeuble en payement, c'est comme s'il consentait la vente de cet immeuble et que le prix se compensât avec le montant de la dette. Dans ce cas, la régie est fondée à prétendre le droit proportionnel de mutation. Elle y est encore fondée lorsque la femme renonçante exerce ses reprises sur les biens de communauté, parce qu'alors la communauté appartenant entièrement au mari, c'est absolument comme si la femme exerçait ses reprises sur les propres de celui-ci. C'est ce qui a été jugé par la Cour de cassation, par les arrêts des 22 novembre 1837 et 28 août 1838. Des arrêts récents ont pourtant décidé le contraire.

SECTION VI.

GARANTIES CONVENTIONNELLES RÉSULTANT DES CLAUSES DIVERSES QUE LES CONJOINTS PEUVENT INSÉRER DANS LEUR CONTRAT DE MARIAGE.

Nous avons examiné toutes les garanties accordées par la loi à la femme commune en biens, pour lui assurer le recouvrement de ses propres, pour la protéger contre la mauvaise administration et les désordres de son mari, ou bien encore pour empêcher que le partage de la communauté se fasse d'une façon irrégulière et à l'avantage du mari. Malgré toutes ces dispositions de la loi si favorables à la femme, il est assez rare aujourd'hui qu'il soit fait un contrat de mariage stipulant purement et simplement le régime de communauté légale. De sorte qu'il est vrai de dire, aujourd'hui plus que jamais, que la communauté légale est le régime de ceux qui ne font pas de contrat de mariage ; mais comme le nombre des personnes qui se marient sans contrat est encore fort considérable, ce régime conserve toujours une grande importance.

Il arrive fréquemment que les époux, tout en stipulant le régime de communauté comme base de leurs conventions matrimoniales, ajoutent à leur contrat des clauses particulières. Ces clauses peuvent être fort nombreuses puisque la latitude des futurs époux à cet égard n'est limitée que par les art. 1388, 1389 et 1390. Mais les plus fréquemment employées sont celles qui sont indiquées dans l'art. 1497. Ce serait sortir de notre sujet ou bien l'étendre outre mesure, que d'examiner ici toutes ces clauses.

Le plus souvent la femme, en ajoutant ainsi des clauses particulières à son contrat de mariage, a pour but d'ajouter encore aux garanties qu'elle trouve dans la loi, et c'est pour ce motif que nous avons cru devoir en parler brièvement à la fin de ce chapitre. Supposez, par exemple, qu'une femme ait une grande fortune mobilière, libre de toute espèce de dettes, et que son futur mari au contraire n'ait que des immeubles et beaucoup de dettes. La femme se gardera bien alors de stipuler purement et simplement le régime de communauté légale, car sa fortune serait employée en totalité ou en partie à payer les dettes de son mari. Elle stipulera soit la communauté réduite aux acquêts, soit la clause de séparation des dettes, en ayant soin de faire un bon inventaire.—La femme craint-elle que son mari soit mauvais administrateur et qu'il dissipe follement les biens de communauté, elle peut alors stipuler que même au cas où elle renoncerait à la communauté, elle reprendra tout ou partie de ce qu'elle y aura apporté, — ou bien encore, elle pourra stipuler un préciput et ajouter qu'elle y aura droit même au cas où elle renoncerait.

RÉGIME EXCLUSIF DE COMMUNAUTÉ.

Sous ce régime, tous les biens de la femme sont dotaux sauf stipulation contraire, mais en jouissance seulement. Tous les fruits de ces biens, tant civils que naturels, sont censés apportés au mari pour soutenir les charges du mariage (art. 1530). Par suite, le mari peut en disposer librement; et même, s'il fait sur eux des économies, il pourra les employer à acheter des immeubles qui lui resteront propres et qu'il ne sera nullement tenu de restituer à la dissolution du mariage. Ce droit de jouissance du mari se convertira d'ailleurs en un véritable droit de propriété, si les biens mobiliers apportés par la femme consistent en choses fongibles (art. 1532). En outre de cette jouissance, le mari a encore l'administration des biens meubles et immeubles de la femme.

Voilà donc les caractères principaux de ce régime: droit de jouissance et d'administration pour le mari. Mais le mari a les mêmes pouvoirs, sous le régime de communauté légale, sur les propres de sa femme et, sous le régime dotal, sur les biens dotaux. Toutefois nous avons signalé entre ces deux derniers régimes des différences notables, au point de vue de l'étendue de l'administration, de la réception de la dot, de la perception des fruits naturels, etc. et nous avons indiqués quelles différences il en résultait pour la restitution de la dot. Devrons-nous donc, pour les points que le législateur n'a pas tranchés par un texte, suivre les règles du régime de communauté légale, ou bien celles du régime dotal?

C'est là la seule question dont nous ayons à nous occuper ici. Il est clair, en effet que, suivant que nous adopterons la première ou la seconde solution, nous devrons nous en référer aux règles tracées pour le régime de communauté, ou à celles du régime dotal.

Nous pensons que les règles de la communauté doivent seules être suivies. Ce régime, en effet, ne forme-t-il pas le droit commun de la France? Dès lors, quoi de plus naturel que de s'y référer toutes les fois qu'il y a du doute? Le régime sans communauté a d'ailleurs été emprunté aux pays dits de communauté et il est bien certain qu'alors on n'allait pas chercher des règles d'interprétations dans les pays de droit écrit.

Cette opinion suivie par la grande majorité des auteurs [1] est pourtant énergiquement combattue par MM. Rodière et Pont [2] qui croient avoir trouvé une raison péremptoire dans les travaux préparatoires du Code. Le projet originaire ne distinguait que deux genres principaux d'association conjugale, la communauté et l'exclusion de communauté. Ce dernier genre se subdivisait en trois espèces: dans l'une,

---

[1] Troplong, t. III, n° 2231. — Mourlon, t. III, 4e édit., p. 125.
[2] Rodière et Pont, t. II, n° 769 et 770.

le mari devait jouir de tous les biens de la femme (exclusion de communauté); dans l'autre, il ne devait jouir d'aucun (séparation de biens); enfin dans la troisième espèce, le mari devait jouir de certains biens sans jouir des autres, c'était lorsque les biens de la femme étaient déclarés en partie dotaux, en partie paraphernaux. Ainsi les auteurs du projet ne faisaient qu'une différence de plus ou de moins entre la première et la troisième espèce. Il est bien vrai, dit-on, que ce projet n'a pas été adopté, et que sur les réclamations des habitants des pays de droit écrit, on a inséré dans notre code les règles du régime dotal; et on a modifié, dans le projet, les articles correspondants aux art. 1530 et suiv. du Code pour ne plus les appliquer qu'au régime simplement exclusif de communauté. Mais il semble, malgré cela, que la pensée première de la loi subsiste toujours, et que ces deux régimes doivent produire les mêmes effets, à part l'inaliénabilité des biens. — Cet argument serait peut-être fondé, s'il était vrai que les rédacteurs du code, en discutant le régime sans communauté, avaient songé aux règles du régime dotal. Mais il est certain au contraire que ces règles étaient bien loin de leur pensée, puisqu'ils ne voulaient pas admettre le régime dotal dans nos lois.

Ainsi sous ce régime exclusif de communauté, le calcul des fruits échus ou perçus entre la dissolution du mariage et la restitution ne s'opère pas conformément à l'art. 1571, mais bien conformément aux principes des art. 585 et 586 ([1]). — D'après l'art. 1549 le mari seul a le droit de poursuivre les détenteurs des biens dotaux. Sous le régime d'exclusion de communauté au contraire, le mari ne peut

---

[1] Pothier, *Traité de la Communauté*, n° 462.

pas exercer les actions immobilières pétitoires [1], car ici il n'est pas le représentant de sa femme. Ces actions doivent être exercées par la femme dûment autorisée de son mari; et si elles étaient exercées par le mari seul, le jugement qui interviendrait n'aurait pas contre la femme l'autorité de la chose jugée. — Dans le régime dotal, la dot qui consiste en une somme d'argent ne doit être rendue par le mari qu'un an après la dissolution du mariage (1565). Sous le régime d'exclusion de communauté au contraire, la restitution doit se faire après la dissolution du mariage quelle que soit la nature des biens dotaux (art. 1531). — Enfin sous le régime dotal, la femme a droit à l'habitation pendant l'an du deuil (art. 1570). Il n'en est pas ainsi sous le régime sans communauté. La femme reprend seulement ce qu'elle a apporté; elle a même droit au deuil (art. 1481), mais elle réclamerait vainement le privilége de l'habitation pendant un an [2].

---

[1] Pothier, *Traité de la Communauté*, n° 253.
[2] Dalloz, v° *Contrat de mariage*, n° 3119. — Troplong, t. III, n° 2234.

POSITIONS.

DROIT ROMAIN.

I. Antinomie de la L. 66, D. *de Jure Dotium,* et du § 3, Tit. IV, liv. II, *Instit.*

II. Sous l'empire de la loi *Julia,* le fonds dotal provincial pouvait être aliéné par le mari sans le concours de la femme.

III. La *delegatio dotis causâ* est réputée faite aux risques de la femme.

IV. La dot mobilière était aliénable en droit romain.

DROIT FRANÇAIS.

DROIT CIVIL.

I. La prohibition d'aliéner l'immeuble dotal est un statut réel.

II. Lorsque la femme avec le concours de son mari vend l'immeuble dotal en s'obligeant personnellement et expressément à la garantie, l'acheteur ne peut pas poursuivre l'exécution de cette promesse sur les paraphernaux.

III. Lorsque la dot a été aliénée, la femme peut laisser

sommeiller l'action révocatoire de l'aliénation du fonds dotal, et se faire colloquer, pendant le mariage, sur le prix des immeubles de son mari, vendus à la requête des créanciers.

IV. Le mari peut compenser ce que doit le débiteur des sommes dotales avec ce qu'il doit de son propre chef à ce débiteur.

V. La femme mineure ne peut consentir la restriction de son hypothèque légale, alors même qu'elle serait habile à contracter mariage et assistée au contrat des personnes dont le consentement est nécessaire pour la validité de son mariage.

VI. En cas de renonciation de la femme à la communauté, son hypothèque légale ne frappe pas les conquêts aliénés par le mari durant le mariage.

VII. La faculté d'aliéner réservée par le contrat de mariage n'emporte pas virtuellement celle d'hypothéquer.

DROIT COMMERCIAL.

I. Quand la faillite est déclarée après décès, la cessation des payements est réputée avoir eu lieu au plus tard le jour du décès, et non pas à partir du jugement déclaratif.

II. — Quels sont les actes nuls de droit pour avoir été faits depuis la cessation des payements ou dans les dix jours qui l'ont précédée?

DROIT ADMINISTRATIF.

I. — Le défaut de remploi ne donne pas à la femme le droit d'aller ensuite chercher son indemnité chez l'acquéreur de son bien dotal, exproprié pour cause d'utilité publique.

9

II. — Comment s'exercent les actions communales, lorsque le maire refuse ou néglige de les intenter?

DROIT CRIMINEL.

I. — L'art. 334 C., P., ne punit que les proxénètes et non les séducteurs, et l'habitude dont il parle peut résulter des mêmes actes réitérés sur la même personne.

II. — Lorsque le mari, dans sa plainte en adultère n'a désigné que sa femme, le ministère public peut néanmoins poursuivre d'office le complice.

POITIERS, — TYP. DE HENRI OUDIN,